調理で活きる「総合的な学習の時間」
◆家庭科からの提言◆

編著者=野田 文子

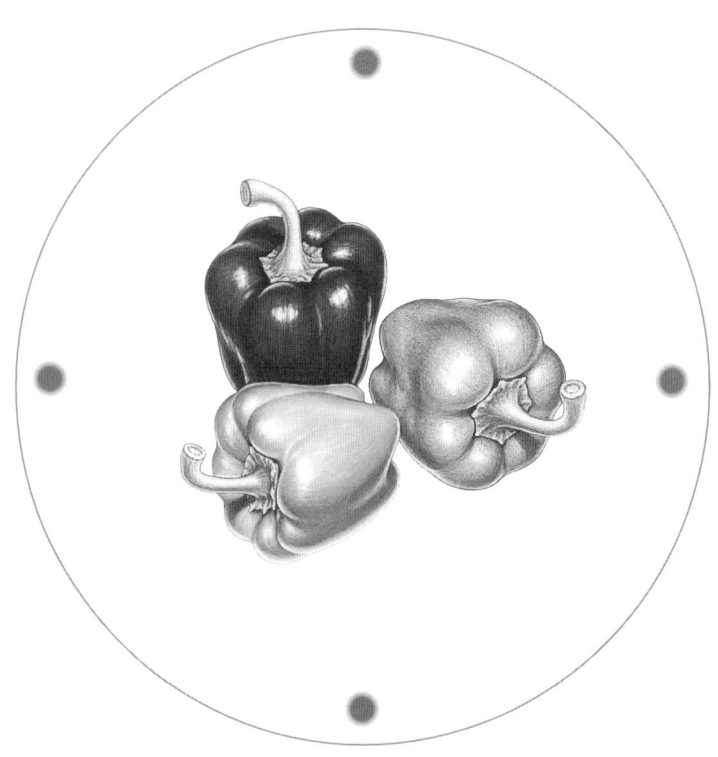

開隆堂

#　はじめに

　「総合的な学習の時間」は，平成14年度から小学校と中学校で，平成15年度から高等学校でそれぞれ完全実施となる。生活科で実績をもつ小学校に比べ，教科指導の専門性が高い中学校，高等学校はやや出遅れ気味ではあるが，この移行期間に手探りの実践が数多く報告されている。その内容は，個々の学校の特色が求められるとあって，どの学校でも，教員が協力し合って研究体制を組み，実施したものであり，各校の特徴や事情に合わせた個性豊かなものとなっている。

　しかし実践例では，学習課題となるテーマは多様であっても，学習を構成する素材や活動にいくつかの共通性を持つものが見られる。「総合的な学習の時間」の学習者の主体的で体験的な学習を作り出すという特性や，生徒や児童の興味・関心に基づく課題を取り上げるという特性を考えると納得できることではある。これまでの学習内容の枠組みとなっていた題材内容の固定性を取り払ってみたら，その中にいくつかの共通の学習素材や学習方法が見つかったわけである。これらの学習素材や学習方法は，多くの実践の部品となって，積み木のように一つ一つの実践を構成していると考えることもできる。

　多様なテーマの中で調理を行っているものも数多く，本書では，そのような積み木の一つとして，調理実習を位置づけている。これらの調理実習では，調理技術の習得をめざすのではなく，幅広いねらいを持った活動として，前後の活動との連動によってそのねらいが設定されている。系統的な指導目標と指導内容をもつ家庭科の調理指導とは，本質的に異なるものである。調理という行為には，長い文化の蓄積を含んでおり，本来，豊かな教育的価値を含む教材となるものである。そのため，多くの総合的な学習の実践に取り込まれているのも当然であるといえよう。

　学校での調理学習の機会は，家庭科であれ，総合的な学習であれ，家庭での調理が減少している現代社会において，子どもたちに大きな意味

を持っている。それは，個人からの生きるすべの喪失という危機に対する最後の砦として，調理を位置づけることができるからである。「調理して食べる」という行為は，人間のすべての生存活動の原点である。教育活動の中にしっかりと調理の位置づけを行っておくことは，生きる力の教育の基本であるといえる。本書を，総合的な学習で調理実習を行う場合の参考書として，また，家庭科の立場から総合的な学習へ提案するきっかけの一つとして活用していただければ幸いである。

　第1章では，総合的な学習について整理を行い，家庭科との関連について述べている。第2章では，総合的な学習に調理を取り入れた場合の，小学校，中学校，高等学校での実践例を提案した。第3章では，総合的な学習と家庭科の相違を示すために，家庭科での調理の指導内容や調理技術の系統性を整理している。これは，総合的な学習で調理を行う場合に素材の難易性や調理の手順を知る資料として活用することもできる。さらに，調理実習を主体的な学習活動として展開する場合の展開過程を提案している。第4章は，総合的な学習で多く見られた国際理解の取り組みで活用するための資料を，第5章では，具体的な調理レシピを児童や生徒にも活用できる形で提示している。

　学校教育における調理指導に関する研究の成果として本書を出版できたことは大きな喜びである。家庭科研究会のメンバーの先生方，実践を短期間にまとめていただいた先生方，大井達夫氏をはじめ開隆堂出版(株)編集第二部の方々など，多くの人々のご尽力によって本書を完成させることができた。深く感謝すると共に，多くの先生方の日々の教育実践に敬意を表したい。

２００１年９月　野田文子

もくじ

◇はじめに ……………………………………………………………2
第1章 総合的な学習とは ……………………………………………7
 1．家庭科と総合的な学習……………………………………8
  （1）　総合的な学習と学校の個性 ……………………8
  （2）　総合的な学習と教科学習のねらい ……………9
  （3）　総合的な学習の内容 ……………………………10
  （4）　家庭科と総合的な学習 …………………………11
 2．選択的な履修の拡大………………………………………13
  （1）　選択履修の拡大の意味 …………………………13
  （2）　選択履修と必修教科の時間数 …………………13
  （3）　選択履修の内容と学習活動 ……………………14
  （4）　総合的な学習との関連 …………………………16
 3．総合的な学習における調理の考え方 …………………18
  （1）　文化としての食生活 ……………………………18
  （2）　食料調達と調理の意味 …………………………20
  （3）　総合的な学習と家庭科の調理 …………………21
 4．総合的な学習のねらいと可能性 ………………………23
  （1）　国際理解と調理 …………………………………23
  （2）　環境教育と調理 …………………………………24
  （3）　地域の特色と調理 ………………………………27
  （4）　情報教育と調理 …………………………………28
 5．総合的な学習における評価………………………………29
  （1）　総合的な学習のねらいと評価 …………………29
  （2）　評価の方法 ………………………………………29
  （3）　評価の観点 ………………………………………30
  （4）　学習活動の展開と評価の工夫 …………………31
  （5）　選択教科の評価 …………………………………32

第2章　調理の技法を活かした総合的な学習 …………33
1．小学校からの提案 ………………………………34
1　「ひとりひとりが地球人として」…………34
2　「土と人にふれあう野菜の栽培」…………41
2．中学校からの提案 ………………………………48
1　「ブラジルの料理を知ろう」………………48
2　「地域の特産品を使った料理を知ろう」…54
3．高等学校からの提案 ……………………………61
1　「日本と韓国の食文化と調理」……………61
2　「北海道の食から世界が見える」…………68

第3章　調理の指導と学習の展開 ……………………75
1．調理に必要な設備と備品 ………………………76
（1）　衛生的な管理 ………………………76
（2）　用具の準備 …………………………80
（3）　空間の利用 …………………………84
（4）　集団を生かす ………………………88
2．調理の基本と指導内容 …………………………90
（1）　調理操作の構造 ……………………90
（2）　代表的な調理とその指導 …………92
（3）　家庭科における指導内容 …………99
（4）　家庭科における調理指導の課題 …104
3．体験的な調理の進め方 …………………………106
（1）　生活科と調理の授業 ………………106
（2）　小学校・試し作り－ゆで卵の調理 …………110
（3）　中学校・試し作り－卵焼きの調理 …………114
（4）　高等学校・試し作り－一人調理の親子丼 ………118

第4章　世界の調理と出会う ……………………………121
1．韓国の調理 ………………………………………122
（1）　韓国の食生活 ………………………122
（2）　韓国料理の特徴 ……………………124
（3）　中学校での調理実習 ………………126

　　　　（4）韓国の料理 ··· 128
　2．シンガポールの調理 ··· 131
　　　　（1）シンガポールの食生活 ································ 131
　　　　（2）シンガポール料理の特徴 ···························· 132
　　　　（3）中学校での調理実習 ··································· 133
　　　　（4）シンガポールの料理 ··································· 136
　3．その他の国々の調理 ··· 139
　　　　（1）フィリピンの料理 ······································ 139
　　　　（2）イギリスの料理 ··· 142
　　　　（3）タイの料理 ··· 146
　　　　（4）ブラジルの料理 ··· 150

第5章 基本的な調理の技術を学ぶ ················· 155
　◇この章の使い方 ··· 156
　◇あなたは何を作りたいですか ································· 158
　◇調理をはじめる前に ·· 158
　初級編（1）ホットプレートで焼く ······················· 160
　　　　（2）フライパンでいためる ······························ 162
　　　　（3）トースターで焼く ···································· 166
　　　　（4）蒸し器で蒸す ··· 169
　中級編（1）なべで汁ものを作る ·························· 170
　　　　（2）中華なべでいためる ································· 174
　　　　（3）卵焼き器を使う ·· 176
　　　　（4）なべでゆでてフライパンでいためる ·········· 178
　　　　（5）蒸し器で蒸す ·· 180
　　　　（6）オーブントースターで焼く ······················· 184
　上級編（1）なべでゆでる ···································· 186
　　　　（2）蒸し器で蒸す ·· 190
　　　　（3）魚を焼く ·· 192
　　　　（4）浅なべで煮込む ·· 194

■参考文献一覧 ··· 198

第1章
総合的な学習とは

　総合的な学習の中で，調理を行っている実践をしばしば見ることができる。全体のテーマは，地域の人々との交流であったり，国際交流であったり，郷土の探求であったりと様々であるが，その実践の中でも山場となっているものが多い。調理のねらいも，確かめであったり，交流の手だてであったり，成果を実感するものであったりと多様である。これまで家庭科だけで行われてきた調理学習に，別の学習機会が出現したことになる。
　第1章では，家庭科の調理と総合的な学習の調理の共通点と相違点を考える土台として，主に，総合的な学習について記述している。

1．家庭科と総合的な学習

（1）総合的な学習と学校の個性
① 個々の学校の工夫

　総合的な学習[1]の最も大きな特徴は，児童・生徒の主体的な学習活動を中心にした，学校ごとに作られる教育活動であるということができる。この点は，教科学習と根本的に異なる点である。教科学習の題材の選定においても，地域や学校の事情，児童・生徒の興味・関心が考慮されるが，教科内容そのものは，小学校から高等学校まで系統的な体系を持ったものである。総合的な学習の学校ごとにつくるという枠組みの出現について，少し詳しく考えておくことにする。

　1998年12月に示された学習指導要領では，「総合的な学習の時間」の名称は，各学校において適切に定めるとされている。これは，今回の改訂のねらいである「豊かな人間性や社会性」「国際社会に生きる日本人としての自覚の育成」「自ら学び考える力の育成」「基礎・基本の確実な定着と個性を生かす教育の充実」を背景として，各学校での独自な教育づくりが必要であるとされたからである。これまで画一的であった学校教育の枠組みを少し改革し，学校ごとの力を発揮させようということである。個性を生かす教育には，画一的でない教育環境が必要であり，多様な環境の中でこそ児童・生徒の個性をより強く引き出すことができると考えられている。そのため，創意工夫を生かした特色ある学校づくりが必要となったのである。「総合的な学習の時間」は，そのような学校の独自性を創造する中心的な役割を果たすものである。

② 外枠の弾力性

　「総合的な学習の時間」の授業時数は，小学校で最も多いが，第3／

---

[1] 総合的な学習でどのような調理が行われているかは，第2章及び第3章の3で述べている。なお，本書では，「総合的な学習の時間」に行われる学習活動全般を「総合的な学習」と表記している。

4学年で105時間,第5／6学年で110時間と固定されている。中学校では70時間から,第1学年は100時間まで,第2学年は105時間まで,第3学年は130時間までそれぞれ選択することができる。これに教科の選択履修を加えると,小学校に比べ,より自由にカリキュラムを編成することができる。高等学校では,105〜210時間までを3年間で適切に配分するとされている。小学校や中学校に比べ時間数は少ないが,最大と最小で2倍の開きがあり,総合的な学習の枠組みそのものに学校ごとの相違が出ることになる。

　このほか,総合的な学習以外で,学校の枠組みを変化させることができる要件がいくつかある。小学校では,1単位時間を学校で設定できること,35の倍数でない年間授業時数ができたこと,指導目標を複数学年で提示したことなどである。年間の授業時間数の配分は固定されているが,日々の学習活動の枠組みは,かなり柔軟なものにすることができる。中学校では,選択履修幅の拡大が大きな要因となるので後で詳述する。高等学校では,卒業に必要な修得単位数の削減（74単位以上）と学校設定科目を20単位まで含めることができることなどがある。また,小学校と同様に授業の1単位時間を学校ごとに適切に設定することもできる。このように,独創的な教育内容に応じて,学校ごとに教科枠や時間枠も組み立てることができるようになっている。

（2）総合的な学習と教科学習のねらい

① 総合的な学習のねらい

　「総合的な学習の時間」は,第15期中央教育審議会の第1次答申「21世紀を展望した我が国の教育の在り方について」(1996年)に示された「生きる力」の育成と,教科指導ではできない横断的・総合的な学習の指導を行うことをねらいとして設置された。児童や生徒による主体的な学習活動を行うこと,自らの生き方を考えることができるようになることが大きな目標であり,学習指導要領では,次のように示されている。

　1）自ら課題を見つけ,自ら学び,自ら考え,主体的に判断し,よりよく問題を解決する資質や能力を育てること。

2）学び方やものの考え方を身につけ，問題の解決や探求活動に主体的，創造的に取り組む態度を育て，自己の生き方を考えることができるようにすること

　小学校，中学校では同様の記述であるが，高等学校では，2）の生き方が，「在り方生き方」とされており，自己の存在意義を問う，高い次元の到達点をめざしたものとなっている。

　② **教科のねらい**

　これらのねらいは，問題解決能力や自己探求能力などを身につけることであり，何らかの知識や技術の習得によって養われる能力と区別される。例えば，家庭科の教科学習では，学習によって家庭生活に関する認識や知識，技術を身につけ，その結果，実生活での問題解決ができる，あるいは，自己の生活改善が探求できる能力や態度を身につけるということになる。授業の学習過程では，題材によって問題解決的な展開を行うものもあるが，学習活動によって習得すべき認識や知識，技術などが明確にされている。しかし，総合的な学習では，到達点は必ずしも示されていない。個々の児童や生徒が持つ目標の到達点は，全国共通でもなく，学級共通でもない。その方向さえも学校や個人によって異なるかもしれない。教科学習と一見同じような展開に見えても，学習活動の方向やねらいは全く異なるものである。逆にいえば，家庭科の調理学習で，身につけるべき知識や技術，態度や能力が具体的に設定されていないものは，家庭科であるとはいえない。

（3）総合的な学習の内容

　「総合的な学習の時間」で取り上げる課題の例として小学校・中学校では，「国際理解，情報，環境，福祉・健康などの横断的・総合的な課題」，「児童・生徒の興味・関心に基づく課題，地域や学校の特色に応じた課題」が示されている。高等学校では，上記の「横断的・総合的な課題」のほかに，「生徒が興味・関心，進路等に応じて設定した課題について，知識や技能の深化，総合化を図る」，「自己の在り方生き方や進路について考察する」という3つの学習活動が例示されている。2つ目

の例では「生徒が……設定した課題」と明記されており，生徒の主体的な課題設定が必要である。また，「生き方」を探る学習活動の一つとして，進路を考える機会とすることもできる。さらに，高等学校の職業教育を主とする学科においては，家庭科などの教科の「課題研究」と「総合的な学習の時間」との互換性が認められている。小学校・中学校に比べ，どのような姿勢で総合的な学習の時間を取り扱うか，学校独自の裁量範囲が広く認められているといえる。

（4）家庭科と総合的な学習

① 家庭科の特徴

家庭科で教える内容は，家政学の研究成果に基づく科学的知見を根拠としており，教科書などには，諸分野の調査・研究によるデータを直接に取り込んで表記している場合も多い。家庭生活を科学的にとらえ，客観的で確かな見通しと手順をもって，各自の生活課題を解決していく姿勢は万人に必要な生活態度である。家庭科が公教育の中で，小学校から高等学校までの普通教育として位置づけられているのはこのためである。

また，現実の生活課題の解決場面では，どのように解決するかという「どのように」の中に，解決の方策を求めるだけでなく，どの方向に，どの程度に，という意味も含まれている。家庭科の教育実践でも，特に小学校で，テーマにそのような価値基準を含んでいるものが多い。これは，個々の授業の中に，現代の社会や家庭で大多数に認められる，あるいは，近い将来求められるであろう規範を内包させているということである。「家庭をどうとらえるか」，「家族をどう教えるか」，「かしこい消費者にはどんな意味があるのか」などの家庭科をめぐる議論は，この内包された規範についてのものがほとんどである。

家庭生活に対する共通規範が弱くなり，多様化すればするほど，家庭科教育も揺れ動くことになる。しかし，多様な生物のゲノムという共通項を発見した分子生物学のように，一見多様に見える家庭生活でも普遍的な共通規範があるはずである。現代社会でそう考えられるものを基礎的内容として教えていこうというのが，現代の家庭科教育の方向である。

家庭科教育学会でも,「21世紀に拓く小学校家庭科」(1999)の中でミニマムエッセンスという考え方を示している。このように,家庭科では,教科のねらいや内容は,はっきりとした方向性を持っているといえる。

② 総合的な学習との関係

これに対して,総合的な学習はこれまで見てきたように,児童・生徒の主体的な学習活動を中心としているほか,学校ごとに異なる課題設定が行われることになる。総合的な学習で,教科学習と同じような題材を体験したとしても,すべての児童・生徒の共通な学習経験と考えることはできない。教科指導の立場からは,総合的な学習での経験は個々の学習活動の中での経験であり,多様な生活背景を持つ児童・生徒の体験がより豊かになったと考えるべきであろう。

家庭科は,これまで体験的な学習や問題解決的な学習を重視してきており,指導の展開や学習方法からの視点で見れば,限りなく総合的な学習に接近していくことが可能である。総合的な学習の延長線上に教科学習を置くことは,相互に効果的である場合が多いと考えられる。

2．選択的な履修の拡大

(1) 選択履修の拡大の意味

　先にもふれたように，中学校，高等学校では，選択的な履修の幅が拡大されている。必修教科や科目では，基礎・基本の定着をめざして共通の内容をすべての生徒に指導する。選択履修では，特定の教科や科目を学習者が選択し，その内容をより深く学ばせる。これによって，生徒に得意分野をより明確に自覚させることがその主なねらいである。したがって，選択履修幅の拡大は，教育改革における個性重視の流れに沿ったものであると考えることができる。

　かつては，特定のテレビ番組について共通の話題をみんなが持っているという時代もあった。1970年代ごろからテレビ局の開設が続き，1980年代から1990年代にかけて衛星放送，ケーブルテレビとメディアが充実してきたため，テレビ番組の選択肢も増加した。それに伴い，人々の話題や価値観も多様化し，共通の話題を持つ工夫が必要となってきた。学校教育においても同様に，多様な選択肢が求められる時代となった。多様な学習が成立すると，一体感の獲得や相互理解に多大な配慮が必要となってくる。生徒や学校の個性化が進めば，生徒間，教師間，生徒・教師間，地域・学校間などの相互理解のための配慮が重要となる。そしてそれは，教員の配置や環境の整備を含むものであることはいうまでもないが，多様な価値に対する柔軟性と寛容性といった教師自身の社会通念の変革をも求めるものである。教員には，画一的であった教育内容や教育方法を見直し，学習者の個性の伸張を図ると同時に，相互理解の機会を設けていくことが求められている。

(2) 選択履修と必修教科の時間数

　ここで，時間枠という視点から，総合的な学習と教科学習の関係について中学校を例に上げて考えてみたい。中学校では，外国語が必修科目

になったこと，総授業時数が1,050時間から980時間に減少したこと，「総合的な学習の時間」が新設されたことから，総授業時数に対する教科の選択履修時間の割合は拡大している。第1学年に30時間の範囲内で開設することが可能になったほか，第2学年については50〜85時間，第3学年では105〜165時間と増加しているばかりでなく，1教科あたりの開設時数の上限が70時間のため複数の選択科目の開設が必要である。また，開設できる教科は，学習指導要領に示されているすべての教科となった。これまでの選択履修とは，量的にも質的にも異なるものとなっている。

　各学年の必修教科の授業時数に対する割合は，第1学年が82.7%，第2学年が77.0%，第3学年は68.9%で，平均76.2%となる。ちなみに，平成元年度の改訂では（英語は必修教科として加え，特別活動を35時間とした場合），選択履修を最大にとった場合は76.7%，最小に取った場合は90%であった。特に技術・家庭科では，必修教科の授業時数が第3学年で最大105時間までの履修が可能であったのが，35時間となり実に70時間の削減となっている。選択履修では，学習者による選択とはいえ，かなり補充的な内容が必要となるのではないかと考えられる。

　表1に示すように，「総合的な学習の時間」・教科学習・選択履修の3者の時間配分に多様な選択ができる。例えば，3年生で「総合的な学習の時間」を最大限の130時間を取った場合の教科授業時数は780時間（総授業時数の79.6%）となる。反対に，教科授業時数を多く取ろうとすれば840時間（総授業時数の85.7%）の教科学習が獲得されることになる。選択科目を必修教科の延長としてとらえるか，総合的な学習により近いものととらえるかによって教科学習の枠が大きく異なってくることになる。

表1　選択履修の時間数を最大にした場合の授業時数(時間)

	教科の授業時数		「総合的な学習の時間」	道徳・特別活動	総授業時数
	必修科目	選択教科			
第1学年	810	30(0)	70(100)	70	980
第2学年	755	85(50)	70(105)	70	980
第3学年	675	165(105)	70(130)	70	980

（　）は，選択履修を最小に取った場合

(3) 選択履修の内容と学習活動

① 中学校選択教科の内容

　選択教科や科目は教科学習である以上，教科の目標の実現をめざすことになる。その内容については，「学習指導要領に示された内容」や「その他必要と考えられるもの」を取り上げ，「課題学習」「補充的な学習」「発展的な学習」などの学習活動を行うとされている。「その他の内容」として中学校学習指導要領では，電気，手芸など教科の内容に示していない内容が考えられるとある。これらの内容は，旧学習指導要領に示されていたものであるため，削減された部分は選択科目で補うと考えることもできる。その他の内容についての記述はすべての教科に見られ，学習者の選択によって，削減内容をかなり補充することもできる。

　「課題学習」では，生徒自らがグループや個人で課題を設定し，主体的に課題の発見と解決をめざす学習展開が考えられる。高等学校のホームプロジェクトが参考になると思われる。「補充的な学習」とするならば，既習の項目で，基礎的・基本的な知識と技術の定着が十分でない内容について取り上げることもできる。「発展的な学習」としては，地域の伝統行事や特産品，伝統工芸，自然環境など，地域性を生かした内容の学習などが考えられる。どのような学習を行うかは，学校側から提示することも考えられるし，生徒に選択させる場合も考えられる。どの教科を履修するかの決定は生徒に委ねられるべきであるのと同様に，どの学習活動を行うかの選択もできるだけ生徒の主体性に沿って決定されるべきである。選択履修のねらいである個性の伸長を確かなものとするためには，主体的な学習活動の保障は必要であり，学習者の学習要求や興味・関心に応じた学習内容が準備されていなければならない。このような「選択活動」を実現する努力によって，教科の選択と学習活動の選択が選択履修の縦糸と横糸となり，生徒の意思決定を保障することになる。

② 児童・生徒による選択

　一方で，生徒自身が履修教科を選択できる力を持つためには，生徒の選択能力の育成が必要であり，選択履修で何を行うのかというイメージ

を十分に持たせることも必要となってくる。澁沢氏（1998）は，「第1学年は，ひとつの選択教科の学習をそれほど長くしない。選択しなおす機会を多く与える。」など選択の経験を多く持たせることで選択能力の育成を図ることを提言している。また，大阪教育大学附属平野中学校の「ＪＯＩＮ」では，第1学年の始めと終わり，第2学年の終わりにガイダンスを設け，一年間の学習課題を決定する機会としている。さらに，これらのガイダンスや課題解決の活動中を通じてカウンセリングの教員が配置されている。ガイダンスの実施やカウンセリング教員の配置については，生徒の選択決定を支援する重要なシステムであるといえる。

（4）総合的な学習との関連

個性の教育や「生きる力」の育成は，必修科目でも追求されるべきもので，生徒の主体的な学習への参加，体験的・実践的学習活動の重視，問題解決的な学習の導入などの工夫も必要である。選択履修は，必修科目の延長線上に位置づけられ，これらの問題解決能力などを育成するという共通性の完結，基礎・基本の徹底を重視するものでもある。選択履修と総合的な学習の直接的で相互補完的な関係を構築していこうとすれば，個々の学習者の総合的な学習の展開過程に応じて，開設する選択科目の内容を変更せざるを得ない。逆に開設されている選択科目を総合的な学習で利用しようとすれば，選択科目の内容に総合的な学習の展開の方向が規定されてしまうことになる。このように考えると，実際には選

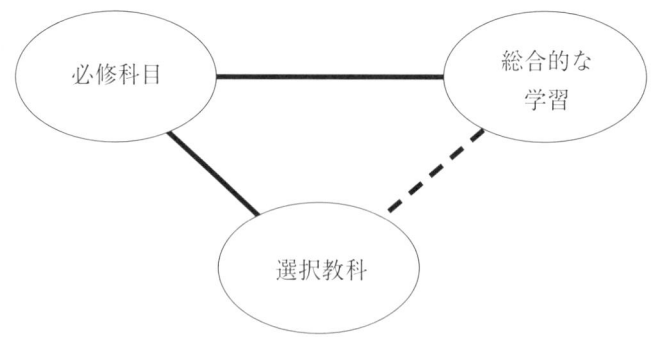

図1　必修教科との相互関係

択履修と「総合的な学習の時間」を統一的に扱うか，全く別なものとして扱うしかない。総合的な学習の充実という視点から見れば統一的に扱うという意見もあろうが，それぞれの教科の特性を生かすという点では，後者のほうがすぐれていると考える。それは，必修教科と選択教科のほうにより密接な関連があり，相互補完的な学習に期待するものが大きいからである。この3者の位置関係は，図1のように考えるとわかりやすい。

　また，学習者の選択肢の幅を狭めることにはなるが，教科によって総合的な学習と選択履修の担当を分担し合うことも，現実的対応として可能であると考えられる。中学校からの選択履修幅の拡大によって，高等学校での選択科目への接続は生徒自身の課題となる。家庭科においても，生徒の興味・関心を生かしながら，家庭生活をより多面的に，より深化できる学習が期待されている。

3．総合的な学習における調理の考え方

（1）文化としての食生活

① 自然の利用

　総合的な学習における調理の持つ教育的価値について，現代文明の原点に戻って考察してみたい。

　人類は長い歴史の中で，食料の獲得とその安定のために知恵を絞り，少しでも豊かにおいしいものを食べるため，様々な手法を発展させてきた。狩猟・採集生活が中心の厳しい食生活であったと思われていた縄文時代は，青森県の三内丸山遺跡の発掘によって，実は，安定した定住性の高い，豊かな社会であったことがわかり人々を驚かせた。その食生活は自然の恵みに支えられたものであったが，単に享受の立場に立つものではなく，積極的な働きかけの結果として獲得されたものであった。その証明として，食生活への自然利用に次のようなプロセスがあったとされている。①ドングリやトチを栽培しており，植物を基本とする栄養摂取のしくみが確立されていたこと，②トチのように，あく抜きに1か月から2か月もかかる複雑な植物の加工技術を確立していたこと，③コナラやミズナラといったドングリから作る「もち」や「まんじゅう」，クリ・クルミを主体にニホンジカやイノシシの肉をまぜた「縄文クッキー」や「縄文ハンバーグ」とよばれる栄養的にすぐれた食品を作る調理技術を確立していたことの3点である。このことから，安定した食生活の形成には，ある一定の条件の充足，すなわち狩猟・漁労・飼育・栽培などの多様な食料獲得のための技術，獲得した動・植物を食べられるものに加工するための技術，

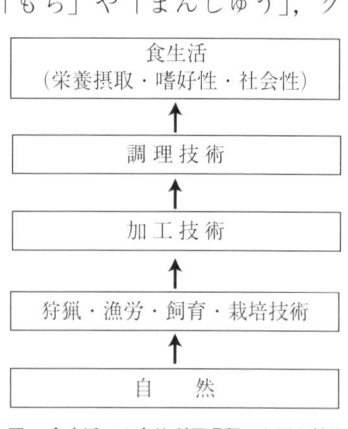

図2 食生活への自然利用過程に必要な技術

食材を食べやすく栄養的に価値の高いものにするための技術，すなわち，獲得技術，加工技術，調理技術などが必要であることがわかる。

これを食生活への自然利用過程に必要な技術として示すと図2のようになる。

② 生活様式の伝達

縄文の人々は，これらの技術を集落で共有し，人間に必要な技術として親から子へと伝達していったに違いない。現代の社会においても，この構造は成立しているが，自然と食生活の間に「産業化」が入り込んだため，一つの家庭や集落で完結しない場合がほとんどとなった。第一次産業は減少し，加工の技術は「工業化」によって人間の手から機械の手へと置き換えられていった。さらに，レトルト食品や冷凍食品，コンビニエンスストアやデリバリーなどの，いつでも，どこでも，何でもという網羅的販売戦略の出現によって，個々の家庭に最後まで残されていた調理技術も産業化されつつある。家庭科の教員にとって，子どもたちの学習前基本的調理技術の低下は，調理学習の成立さえ危ういと感じられるものとなって久しい。もはや，どの段階の技術（体験も含めて）も家庭では伝達されていないと考えるべきである。このことは，これらの食べるための技術は，調理という最終段階にいたるまで個人のものではなくなりつつあるということを意味している。

しかし，このような変化は，縄文時代から現代までのはるかな時の流れの中でゆるやかに起こってきたのではない。それは，縄文時代の生活技術の復元にあたって，現在に残る伝統的な加工技術からの類推が大きく役立ったことからもわかる。「トチモチ」のように少し前まで日常的に作られていたものが，実は，縄文時代からの伝統食であったという可能性も高い。私たちは，長い人類の歴史の中で，一瞬ともいえる短い期間に，生活の技術を個々の人間の手から失いつつあるということにもっと注意を払うべきではないだろうか。子どもたちの生活認識の形成に適切な教育内容は，現在の家庭生活の現象面だけを脈絡なくつなぎ合わせたものではなく，このような自然利用の過程で形成された生活様式を人間の文化としてふまえたものである必要があるだろう。図2の過程を学

校教育の中で体験しておくことは，私たちの社会や文化を構造的に知る上で大切なことである。個を大切にするということは，個々の生活を原点から大切に理解することでもある。家庭科の授業時数や教科内容に収まりきらないこのような題材こそ，総合的な学習で生かすことができるのではないだろうか。

（2）食料調達と調理の意味

　狩猟社会から農耕社会へ，工業産業の隆盛から加工・流通社会への生活と，人々の生活は大きく変化してきたが，長い間，大多数の人間にとっては，食料の生産や獲得が一日の重大な命題であった。農山村に残る伝統的調理の多くは，食材の入手から始まる。都心部といえども，人口集中による土地利用や流通の高度化が進むまでは，周辺でとれたものを利用してきた。しかし，現代の食料の調達は，消費行為が中心であり，一日のほとんどを「貨幣」獲得に費やすことによって，食料が入手できるようになった。人々が第一義的に求めるものは，特質や使用目的の明らかな「物」から，多様な特質や使用目的を持つ「貨幣」へと変化した。近年の加工・流通技術の進歩によって，あらゆる食料品も，買い物というわずかなエネルギー消費で実現させることができるようになった。

　このため，生産，加工，流通から消費へのプロセスが見えにくくなったばかりでなく，私たちは，食料品というものの本質すら見失おうとしている。私たちの社会では，個人の好みに応じた食生活の商品化のために，莫大なエネルギーが費やされている。産地名重視の遠距離輸送から希少な食材を求める旅行まで，すべての食料品が他のだれかの，あるいは自分のごく身近な自然環境から提供されているという基本的な事実を忘れつつある。公正な食料の獲得と消費への社会的努力，食料確保のため労力といった生活の基本的構造を問う課題は，生きていくということの本質を教える上で，重要な教育的価値を持つものであるといえる。食料の調達から調理までの学習は，社会構造の理解に結びつくものであり，主体的に生きる意欲や能力を高めることに直結している。

　家庭科の調理学習では，調理技術の指導を中心として，主に消費の

部分を受け持ってきた。何をどのようにして購入するか，購入した食材をどのように調理し，食卓に並べるかがその主な課題である。自分専属の調理人を持つことができる者はともかくとして，多くの人々にとって，生きていく上で不可欠な学習事項である。家庭科の調理学習は，図2でいえば，人間が食べるために行う活動の最終段階を受け持っているといえる。

(3) 総合的な学習と家庭科の調理

① 調理学習の総合性

家庭科で扱う調理が最終段階だけであるといっても，食卓を囲んで社会学的な視点，科学的な視点，実生活からの視点など多様な視点から教材を取り上げることができる。具体的には，栄養，献立，材料や用具の調達，作業計画，調理技術，食事の文化や人との交流など多様な側面が考えられる。さらに，調理の学習は，栄養学，食品学，調理学の諸科学の学問的背景を持つものでもある。また，実際の調理で唯一正しい方法というものはなく，多様な結果と方法があり得る。

また，多様な場面での調理を考えてみると，実に多くの意味や目的があることに気づく。例えば，神饌は，単なる調理ではなく神事として考えられる。伝統食の多くは，行事の中で供されるものであり，それを食べることは特別な意味を持つ。取り扱われる食材によって，供される立場の格式が示されることもある。病院食は，病気の回復を旨として，必要な栄養摂取のため，症状ごとに献立や調理手法に配慮がされている。

このように，調理は多様な意味や目的を持つ活動である。しかし，これらの調理そのものは基本的には同じ行為であり，家庭科では，その調理を確実に完成させるための技術を習得させることがねらいである。

② 総合的な学習との連携

総合的な学習では，どの視点から教材を取り上げるかは，学習者やその時々の必要性にまかされている。健康，食料生産の体験，流通の課題追求，食文化からの異文化理解など多様な視点を持っている。系統的に指導内容を配列し，到達点や指導内容の視点を明確にしている教科指導と根本的に異なる点である。

しかしながら，主体的な学習活動先行のあまり，インタビューや調査という情報の収集が中心となり，それらをまとめて発表して終わるというパターンになっている実践も多い。学習の深化と内在化をめざすためには，学習者自身の試行錯誤や創作活動が必要である。この点においては教科学習との連携が期待されるところである。ひるがえって，家庭科では，調理の総合性は前述のように認められるところであるが，実際には，調理学習を広く文化として取り上げてこなかった感は否めない。指導内容の精選をくり返し，また，授業時数の削減にともない，技術習得を中心とした授業展開とせざるを得ない事情もあった。また，一人の指導者に展開しきれないほどの内容であるという面もある。とはいえ，豊かな教育的価値を持つ題材を持ちながら，それを生かしきれずにきたことは残念なことでもあった。総合的な学習での調理では，調理実習のノウハウを家庭科から提供するだけでなく，家庭科にとっても，調理に対する学習者の意識を豊かにすることができるというメリットもある。総合的な学習の延長線上に教科学習を位置づけることは，相互に効果があると考えられるが，この連携には，主に教科側に柔軟な発想が必要となる。児童・生徒の発達段階において，個人レベルでの食生活の自立性を獲得することは大変重要なことである。調理の技術を学ぶことは，個人の健康や経済性を追求することだけが目的なのではなく，食料の獲得から，流通，消費に至るまでの社会の現状やしくみを知り，そのあり方を考えるという社会性を身につけるための基礎的な学力を養う機会であると考えたいものである。

③ 主体的な調理学習の展開

　調理実習の学習展開過程では，課題解決的学習指導法の可能性も考慮しておかなければならない。実際の実験授業については，第3章に示している。結論からいえば，学習者の主体性を尊重した授業展開であるほど，学習者の積極的な学習態度が期待できる。その結果，調理技術の確実な習得も可能であるといえる。調理を必要とする総合的な学習の場面で，このような学習展開を違和感なく組み込んでいくことが，その後の調理指導に生きてくるといえる。

4．総合的な学習のねらいと可能性

（1）国際理解と調理

① 国際理解の考え方

　横断的・総合的な課題の例として取り上げられている国際理解という言葉は，第15期中央教育審議会(1996)の第一次答申で，「国際化に対応した教育」の必要性が取り上げられたことに始まる。その中で示された「広い視野を持ち，異文化を理解するとともに，これを尊重する態度や異なる文化を持った人々と共に生きていく資質や能力」「国際理解のためにも，日本人として，また，個人としての自己の確立」「国際社会において，相手の立場を尊重しつつ，自分の意見や考えを表明できる基礎的な能力を育成する観点から，外国語能力の基礎や表現力等のコミュニケーション能力」を育成するなどの教育活動の総称として使われている。

　国際理解に関する課題では，異文化理解にとどまらず，異文化の人々との共生的態度，個人の価値観や判断能力，交流のための具体的な技術の習得がめざされることになる。学習活動の視点としては，遠い外国の知識を増やすのではなく，身近にある生活そのものが，地球規模の関係性の中で成り立っていることの自覚を持たせるということが大切である。浅沼(1997)は，「国際とは，自分たちの生活基盤そのものが国際的であるという意識から，教育の国際化の問題についての探求を出発させるべきである。」としている。実際に，私たちの生活は国際化が進んでおり，児童・生徒の身の回りから国際理解を出発させる課題は多い。

　外国語教育が行われていない小学校で，海外との直接的な交流を含む学習活動はむずかしい面があると考えられる。学習指導要領(1998)では，「外国語にふれたり，外国の生活や文化などに慣れ親しんだりするなど小学校段階にふさわしい体験的な学習」とあり，外国語会話のための学習活動でないことを明示している。直接的な交流を含む活動が望ましいといえるが，学校や地域の状況に応じた学習活動の設定が必要である。

② 国際交流の出発点としての調理

　国際理解に関する実践では，外国の料理を作ってみるという活動がよく見られる。これらの実践を，単に，めずらしいものを食べたいという好奇心に支えられた学習ととらえるのは間違っている。どのような国際的課題への取り組みも，共生という視点から出発したものでなければ，社会的正義とされる価値のすり込みでしかないものになってしまう。共生の視点は，共通の生活様式を体験することによって，生活のレベルで共感や違和感を持ったところから出発することが望ましい。体験的な学習が重視されるのもこのためである。互いの生活を理解し合うことは，相互の文化理解に最も近道となる。

　第2章では，オーストラリアの小学校とのインターネットを使った交流の中で，手作りおやつを教え合うという学習を紹介している。児童らの当初の課題は，相手がどんなことを知りたいかを考えることであった。やがて，お互いの伝統的な料理を教え合うことになり，紹介する料理の作り方や食べ方などを調べ，調理技術を獲得するための活動が始まる。他者理解への努力は，自分の生活文化を確認する活動となり，自己のアイデンティティの確認へと発展していく。中学校の実践は，ブラジルからの就労者子弟であるクラスメイトとの交流から生まれたものである。また，高校では，在日朝鮮人の多い地域性から，身近な異文化として韓国料理を取り上げている。背景となる生活文化は料理だけとは限らないが，話題として楽しく，共通性と異質性を含むため，国際理解学習活動の第一歩として取り組みやすいと考えられる。これらの素材から，生活と密着したグローバルな課題を数多く見つけることができるはずである。

(2) 環境教育と調理

① 環境と生きる力

　行動の原因となる要素を動因というが，この動因に基づく要求があって，初めて，人は課題に気づき，それを解決しようとして動き出す。意思決定プロセスの出発点にも要求が位置づけられている。クライブ・ポンディング(1994)は，「長い人類の歴史で最も基本的な課題はいかに食

べるかであった。」また，「すべての人類社会にとっての課題は，食料，衣服，住居，その他の必需品を，環境維持能力を損なうことなくいかにして手に入れるかというただ一点にあった。」と述べている。黒死病のような伝染病が猛威をふるった中世のヨーロッパでは，病気の克服がもっとも重要な課題であったが，その猛威の背景には，食料不足による栄養失調があったことなどにふれ，人類史という長いスパンの間隔で考えると，ほとんどの人々の基本的な願いは，飢えのない社会であったということを提起している。現代においても，それは解決された問題ではない。インドの人口は2000年5月に10億人を超えた。世界の人口は約60億人であるから，中国人とインド人を足すと世界人口の約3分の1となる。いつの時代においても環境維持能力を超えない食料の十分な調達は，人類に共通する根元的な願いである。

　こう考えてくると，人は，いかに生きるべきかという命題と共にいかにして生きていくかという命題をあわせ持っていたことを改めて思い知らされる。ともすれば，いかにして生きていくかという命題の学習を忘れがちな教科学習に対して，総合的な学習では，この両者を学習者の中にバランスよく内包させていくことができるのではないかと考えている。

　例えば，環境教育の一環として，生活科でもサツマイモの栽培，収穫，パーティーという流れの実践が多く見られた。それぞれの発達段階によって児童の活動には相違が見られるが，このような栽培から調理までの過程を含む学習展開は，環境と人間の生活を考える上で重要な役割を果たす。栽培－食べる学習は，農家の後継者を育てているわけではなく，植物の成長の観察をめざしているわけでもない，食料の獲得という農耕文化の原点を体験させておくためのものということができる。環境問題を考える上で，人間からの要求と自然からの反応を体験的に理解させることのできる有効な課題の一つであるといえる。実践例としては，第2章の「小学校からの提案」で紹介している。

② **指導資料に見る環境教育**

　「総合的な学習として行う環境教育」が，環境教育指導資料(1982)に紹介されている。これは中学校の例であるが，第1学年では，身の回り

の環境と生活，第2学年では，地域の水環境と生活，第3学年では，地球環境の保全と生活の構成となっている。すべて生活でくくられているが，生活という意味では，技術・家庭科などの教科学習の実践例のほうが内容に具体性がある。しかし，各教科の学習では，自然と生活の成り立ちや，有価ごみの回収や廃棄物の処理，適切な消費行動などを複数の教科で取り上げており，教科の役割が必ずしも明確になっていない。また，小学校では「総合的な活動として行う環境教育」としているが，琵琶湖を中心として取り上げ，水環境の理科的な内容を中心とした学習となっている。この指導資料の出版から10年近くの歳月を経て，実践は確実に積み重ねられている。これらを整理・統合し，各教科や総合的な学習の役割を明らかにしていく必要があるだろう。

③ 総合的な学習と環境教育で育てる能力

自然環境を保全する能力として，ベースには自然感受能力が必要であり，環境の現状を評価できる，そしてそのような環境を生む生活を評価できる能力が必要である。初期の評価能力は，「問題があるな」，「これでいいのかな」といった意識のレベルである。さらに，具体的に行動するための技術とそれを獲得する能力が必要となり，そういう生活態度が集約され，全体としての社会的態度が形成されていく。最終的に人生をどう生きるのか，社会をどうするのか，地球をどうするのかという意思決定能力が養成されていくと考えられる。これらの能力はスパイラルに展開し，さらに次の段階の，感性で自然を感じる，認識できる能力へとつながっていく。学校教育の中では，家庭科をはじめ，各教科や総合的な学習によって総体としてこのような能力を育成していくと考えられる。

総合的な学習は，考え方のプロセスを学ぶ学習活動であることから，課題を考えてみる，考えをまとめるということに中心的なねらいがある。様々な場面での意思決定にあたって，環境によいという相対的な評価を行う態度を養うという，態度の方向づけを明確な教育目的とする環境教育とは相対しているようにみえる。しかし，環境教育は，個々の行動の内容を評価するためのものではなく，一人一人が自発的に行動しようとすることを評価するものである。行動の選択にあたって，多くの選択肢

を持っていること，そして，よりよい選択肢を選んでいこうとすることができることが必要となる。

　これを一方通行の知識理解を目的とする学習展開とするならば，まさに環境ファッショを生み出すことになる。総合的な学習では，環境に対する考察を深め意識を収斂させていく，あるいは，プロセスをたどりながら考えるという習慣づけに効果があると考えられる。また，栽培学習だけではなく，様々な生活課題として環境問題を取り上げていくことが可能である。

（3）地域の特色と調理

　人間の家庭生活は，個々の家庭が所在する特定地域において営まれるものである。その食生活も地域的特色を色濃く持つ。食材や調理法も地域の環境に応じた特性を持ち，自然環境に適応し，社会的背景を持ったものである。それは，地域の文化性，家庭の文化性，個人の基礎的な気質として刷り込まれている文化性を構成する中心的な要素の一つである。伝統的な郷土料理や家庭料理を指導するにあたって，調理法の習得ばかりでなく，食材の種類や季節，食べ方や食べる機会，食べる時期まで視野を広げると，目前の料理が地域の課題をすべてを内包していることに気づくよい機会となるだろう。

　家庭科でも，地域の特徴的な調理を取り上げてきた。教科書でも記載されてきたし，高等学校のホームプロジェクトや学校家庭クラブの課題解決学習として取り組まれてきた。調理の取り上げ方としても，特産品を扱うもの，伝統の行事食を扱うもの，地域の交流の機会として行うものなど多様である。しかし，総合的な学習との連動によって，地域の特色をより広い視点から把握することができる。総合的な学習においても，教科との連動によって確かな知識や技術を活用することができるので，より深まりのある学習活動とすることができる。

　例えば，行事と食事は，伝統的な生活の知恵と工夫を教えてくれるばかりでなく，日本人としての根元的な価値観を教えてくれるものでもある。しかし，それらの中には，迷信や固定的な価値意識が含まれている

こともある。総合的な学習では，これらを地域が持つ社会性として追求していくことも可能であろう。

（4）情報教育と調理

情報教育については，平成9年に出された中央教育審議会の第二次答申で「情報化と教育」として述べられたことを受けて，高等学校では平成15年度から新しい教科として「情報」が新設される。小学校では，教科による学習ではないが，すべての小学校でインターネット接続ができるようにするなど，児童の身近な活用の環境整備を進めている。中学校では，技術・家庭科の情報とコンピュータに関する内容が必修として指定されるなど，小・中・高等学校を通じて履修されることになった。

このような背景の中で，総合的な学習で取り上げる情報に関する学習活動はどのような位置づけがされるのであろうか。先の答申では「学校は，情報機器やネットワーク環境を整備し，これらの積極的な活用により，教育の質的な改善・充実を図っていく必要がある」としている。例えば大阪府では，高等学校のネットワーク環境が整備され，大阪府立教育センターを中心として教材コンテンツの発信・受信ができるようになっている。環境整備が進められるにしたがい，新しい形の教育活動がイメージできるようになってきた。情報の伝授が教育の主な目的であった時代は過ぎ，どのように情報を入手し，活用するかという情報リテラシーが重要な教育課題となりつつある。総合的な学習では，主体的に情報を求める状況を作り出すことができ，情報を求めるモチベーションが与えられるといえる。調理については，献立やレシピの情報がインターネットで多数提供されている。これらの利用は，実生活でのインターネット活用に近似した経験となるため，実生活での実践化が期待される。

また，答申では，情報化の進展による「影」の部分についてもふれ，人間関係の重要性，生活体験・自然体験の必要性を述べ，調和の取れた人間形成をめざして進めるとされている。総合的な学習で体験的な活動を行うことは，心身の発達の調和という意味で，情報化が進めば進むほど重要な学習活動となってくる。

5. 総合的な学習における評価

(1) 総合的な学習のねらいと評価

　教育課程審議会の答申「児童生徒の学習と教育課程の実施状況の評価の在り方について(2000.12)」では，総合的な学習の評価に言及し，基本的な考え方や「観点」の設定の方法について述べている。

　総合的な学習の評価が，そのねらいを達成するためのものであるためには，「学習の状況や成果などについて，児童生徒のよい点，学習に対する意欲や態度，進歩の状況などをふまえて評価することが適当であり，数値的な評価をすることは適当でない。」と述べている。これは，第15期中央教育審議会(1997)で示されていた横断的・総合的な学習の評価についての考え方を踏まえたものである。横断的・総合的な学習の推進のねらいは，子どもたちに「生きる力」を育むことであり，その主旨からいって「子どもたちが積極的に学習活動に取り組むといった長所の面を取り上げて評価する」ことが大切であるとし，そのような積極性は「試験の評価によって数値的に評価するような考え方を取らないことが適切と考えられる。」としている。これらは，主体的な学習や個性の伸張を目的とする学習活動について，個々の課題の達成度を客観的に評価しようとするものである。

　また，総合的な学習は，学校ごとに学習活動を設定して行われるため，評価の内容も独自性の強いものとなる。学校ごとに設定された学習活動に対応した評価であり，かつ，学習指導要領に示されたねらいの達成を客観的に評価するものでなければならない。

(2) 評価の方法

　小学校・中学校の総合的な学習では，各教科と同様に観点別学習状況評価を行うことになる。観点別学習状況評価は，一般的には，絶対評価とよばれ，平成3年度の学習指導要領の改訂によって導入されたもので

ある。それまで，昭和55年の改訂で示された集団に準拠したいわゆる相対評価が行われていた。しかし，主体的な学習態度や問題解決能力の評価を重視すること，基礎・基本の習得状況の評価を明示すること，上級の学校との円滑な接続のために各学校段階の目標を実現しているかを明示すること，個に応じた指導をいっそう重視すること，少子化による学級定員数の減少の中で評価の客観性を得ることなどの理由により，より客観性の高い目標に準拠した評価を行うことが必要となってきたからである。小学校・中学校での観点別学習状況評価は，10年の経験を持ちすでに定着しているといえる。しかし，評価の観点が明示されている各教科とは異なり，総合的な学習では，評価の観点の設定と具体的な評価の方法を各学校で設定することになる。

　高等学校では，各教科共に観点別学習状況評価は行っておらず，目標に準拠した５段階評価による評定を行うとされている。しかし，この場合も知識や技能に偏ることなく，「関心・意欲・態度」「思考・判断」「技能・表現」「知識・理解」の４つの観点を踏まえたものであることとしている。総合的な学習では，各学校の学習活動に対応した観点を踏まえた評価によって単位修得の認定が行われる。

　学習指導要録に記載する評価は，小学校・中学校では同じ形式内容となり，学習活動とその活動に対応した観点を記載し，その学習活動で見られた顕著な事項や，児童・生徒の身についた能力などについて評価として文章で記述することになる。高等学校では，観点による評価を行わないので，学習活動とその評価だけを記述することになる。

（3）評価の観点

　それでは，具体的な評価の観点とは，どのようなものが設定できるのであろうか。答申では，その例として三つの代表的な考え方による観点の方向を示している。一つは，「総合的な学習の時間」のねらいを踏まえたもので「課題設定能力」「問題解決能力」「学び・ものの考え方」「学習への主体的，創造的な態度」「自己の生き方」などに関する観点である。これらは，総合的な学習の最終的な到達点を示すものであるとい

える。例示されている能力や態度は、すべて何らかの意思決定プロセスを含むものである。自己の態度を決定していくための中心的な能力と考えられ、どのような学習活動であっても、含まれてくる観点であると考えられる。

　二つ目は、各教科の評価との関連を考えたもので「学習活動への意欲・関心・態度」「総合的な思考・判断」「学習活動に関わる技能・表現」「知識を応用し総合する能力」などへの観点である。これらの観点は、学習活動の内容が教科の学習と関連性を持っており、教科に準ずる評価が必要（可能）であるときに有効である。学校ごとの学習活動によって大きく異なる観点が考えられる。この観点の設定には、児童・生徒の学習活動の展開に、ある程度の共通性が必要であると考えられる。

　三つ目は、各学校の定める目標や内容に応じたもので「コミュニケーション能力」「情報活用能力」などへの観点である。これらの能力は、学習活動の中で養われ、活用されていくものであるため、主体的な学習活動に必要な基礎的な技術といえるものである。どのような学習活動であっても評価が必要な能力であるといえる。

（4）学習活動の展開と評価の工夫

　総合的な学習では特に、評価を学習活動の結果を示すものととらえるだけでなく、学校や教員が指導の改善に役立てる自己評価でもあるととらえるべきである。評価をこのような学習の支援を目的としたものとするためには、学習の最後に総括的な評価を示すだけではなく、学習活動と一体化させることが大切であり、学習の前や学習の過程で必要に応じて、分析的な評価や記述的な評価を行うことが必要である。

　具体的な評価の方法としては、観察、面接、質問紙、作品、ノート、レポートなどから適切なものを選び、これらを組み合わせて活用していくとよい。特に総合的な学習では、児童・生徒の学習活動に合わせて、よりきめ細やかな評価が必要となる。教員の観察による評価、児童・生徒による自己評価や相互評価も重要となるが、いずれにしても複数の評価を組み合わせることによって客観性を持たせることが必要である。

生活科の導入で活用されるようになったポートフォリオによる評価も有効であろう。ポートフォリオは，直訳すれば紙ばさみという意味であるが，学習活動によって得られた資料や，児童・生徒が学習活動の節目や必要に応じて書いた感想文やレポート，家族や教師からのコメントなど活動に関わるすべてをつづったものである。このポートフォリオによって，一人一人が探求する課題についてどんな活動をし，何を得たかを知ることができる。児童・生徒による活動のふり返りや自己評価の手だてとして活用することもできる。学習活動の最後には，これまで取り組んだ足跡が目に見える形で残るため，児童・生徒の達成感も大きくなると考えられる。

（5）選択教科の評価

　最後に，中学校の選択教科の評価についてふれておくことにする。個に応じた指導の工夫や選択履修幅の拡大によって多様な学習が行われるようになった。答申では，個性の伸張という観点から，「個人内評価」（児童・生徒ごとのよい点や可能性，進歩の状況などの評価）を重視し，児童・生徒の学習活動の進歩をうながしたり，努力の必要な部分を伝えたりすることによって，はげましや支援となる評価が必要であるとしている。この点では，総合的な学習の評価と変わりないが，課題への到達レベルを評定によって評価することが求められている。

　学習指導要録への記載は，観点別学習状況の評価を各学校で定める観点ごとに3段階で行い，さらに各学校で定める目標に準拠した3段階の評定を行うとしている。個人内評価については，特筆すべき事項について文章で記述することになる。

　必修教科の観点別学習状況の評価は，各教科の4つの観点について3段階で行い，評定による評価は5段階で行うことになっている。このことから，選択教科では，必修教科と同様により高いレベルでの課題の達成をうながす評定を行うが，評価の工夫によって個性の伸張や主体的な学習をうながすものとし，必修教科と異なる枠組みでの評価とすることが求められているといえる。

第2章
調理の技法を活かした総合的な学習

　小学校から高等学校まで，さまざまなテーマで調理が扱われている。総合的な学習から調理へ展開しているものもあれば，調理の部分を家庭科として扱っているものもある。さらには，家庭科の視点から総合的な学習へと発展させている場合もある。
　ここでは，具体的な実践から，総合的な学習での調理の取り組みを提案したい。時間数や学校の状況はそれぞれ異なるが，栽培や地域学習，国際交流や異文化理解，人権学習などの中で調理実習を行った例を紹介している。これらの実践は，学校や地域のこれまでの蓄積を活用しているものが多く，総合的な学習によって学習の意義や方法が見直され，より確かな価値あるものとなっている。

1．小学校からの提案

1 『ひとりひとりが地球人として』
（大阪教育大学附属平野小学校からの報告）

1．学校の様子
　大阪市の南，平野区の東部に位置する。児童数約760名，教職員数37名。どの学年も3学級で構成され，全学級18である。通学地域が広く，交通機関を利用して通学している児童が約2／3いる。高学年では，教科担任制を取り入れ，専科の教員とともに，学年全体で児童に関わっている。平成12年度には創立100周年を迎えた。

2．主題のねらい
○日本と他の国との違いや関係について自分なりの課題を設定し，友だちと協力しながら意欲的に調べたり，他の国の人々と関わったりすることができる。
○日本と他の国のよさを認めていこうとし，世界の一員として，互いが共存していくために自分ができることを考え，行動していこうとする意欲を高める。

3．実践までの道筋
　本主題に取り組んだ6年生は，4年生のときから総合的な学習を進めてきた。4年生では，附属養護学校の高等部の生徒と交流することを通して，人間関係を広げ深める活動を行った。また，5年生では，教科と関連させた中で，環境についての学習を進め，広い視野でよりよい地球環境を目指していこうとする意識を高めてきた。
　このような「心による人間理解」と「世界への意識」をベースとして，本実践に取り組んだ。
① 課題づくり
　1学期の国語科「ことばと文化」の学習を契機として，日本と他の国

との違いについて興味あることや疑問に思うことなどを話し合う場を設定した。そこから，他の国の生活について調べたいことを焦点化していった。子どもたちからは，生活習慣，建物，食事，遊び，服装などといった課題が出され，それぞれの方法で追求していくことになった。

追求した結果を交流することを通して，実際に他の国の人と話したい，会ってみたいという意欲が高まってきた。そこで，実際にオーストラリアの小学生と交流する場を設定することにした。

② 活動をすすめるにあたって

交流相手校は本大学の先生に探していただいた。また，他の国の人とリアルタイムに話すことが可能なテレビ会議システムを導入することにした。導入にあたっては，大学の先生に援助していただきながら，回線を引いたり，機器を購入したりすることができた。

また，英語での会話ということで，通訳や翻訳を保護者の方々にお願いした。さらに，担任だけでなく，学年に関わる専科の先生方もいっしょになって活動に取り組んだ。

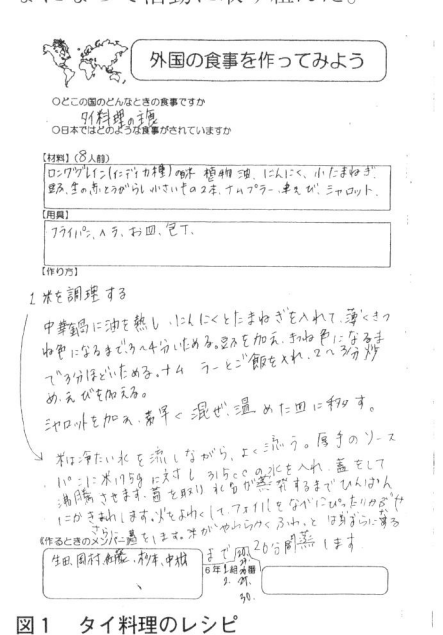

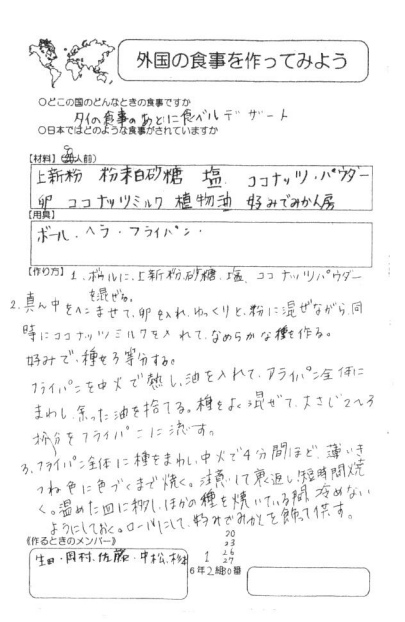

図1　タイ料理のレシピ

4．中心となる学習素材

　1学期の活動では，他の国と日本の相違点を様々な観点で調べた。その中でも，「食事」に取り組んだ子どもたちは，調べたい国の食事について，大使館に問い合わせたり，そこに住んでいる知人に聞いてみたりしながら，レシピを作った。

図2　タイ料理を作る

そして，そのレシピをもとに実際に調理し，試食会を開いた。

　タイ料理（カオ・パッ・クン，ココナッツケーキ）を作った子どもたちは，「日本タイクラブ」からていねいなファックスをいただき，それをもとに材料を集めることにした。ロンググレイン（インディカ種の白米）やナンプラーなど身近にないものもあり，材料集めに苦労していた。

　2学期の活動では，実際にオーストラリアの小学生と交流した。その中で，「食べること」に関わって交流したグループがいくつかあった。郵便では，生ものは送れないので，おやつのレシピと写真を送ったり，作るための材料を送ったりすることにした。また，別のグループは事前にレシピと実物を送っておき，テレビ会議で実際に作ってみせることにした。

5．総合的な学習の時間の計画

　平成10年度の6年生では，総合的な学習活動を50時間予定し，1年間を通して「ひとりひとりが地球人として」という主題で取り組んだ。

　　1学期の活動…いろいろな国のことについて調べる。　　10時間
　　2学期の活動…オーストラリアの小学生と交流する。　　30時間
　　3学期の活動…交流を下学年に引き継ぎ，世界の中で自分ができる
　　　　　　　　ことを考える。　　10時間

活動の流れと子どもの意識

1学期の活動⑩
いろいろな国のことを調べてみたい

| あいさつやことば | 料理 | 遊び | 衣装 | お金 | 建築物 |

(作って試食した)　(みんなで遊んで)
日本とは違うところもある

↓

1. オーストラリアのマニングハムパーク（以下MP）小学校との交流について話し合う⑤

ビデオレター　　　　　　　　　　自己紹介カード
　　　　←　話をしてみたいな　→
Eメール　　　　　　　　　　　　テレビ電話

↓
第1回目の交流：テレビ電話

2. MP小学校との交流を計画し，実行する。⑳

| 料理 | 遊び | 学校生活や行事 | 絵や音楽，劇 | 自然 |

- 一緒にできることはないかな
- 見せるだけでは，一方的で手ごたえが少ないね
- もっと交流を深めたい

第2・3回目の交流：方法を選んで交流しよう

←　　　　　　　　　　　　　→
つくる　　　　　　　　　　おくる
絵や音楽　　　　　　　　テレビ電話
ビデオや写真　　　　　　Eメール
　　　　　　　　　　　　郵便や宅配便

↓うけとめる

- 一緒にすると楽しんでもらえた
- わかったことと，聞きたい内容を整理して，伝えよう
- 自分だけで交通できるように，言葉のことについて教え合おう

3. MP小学校との交流の成果とこれからの活動を話し合う⑩

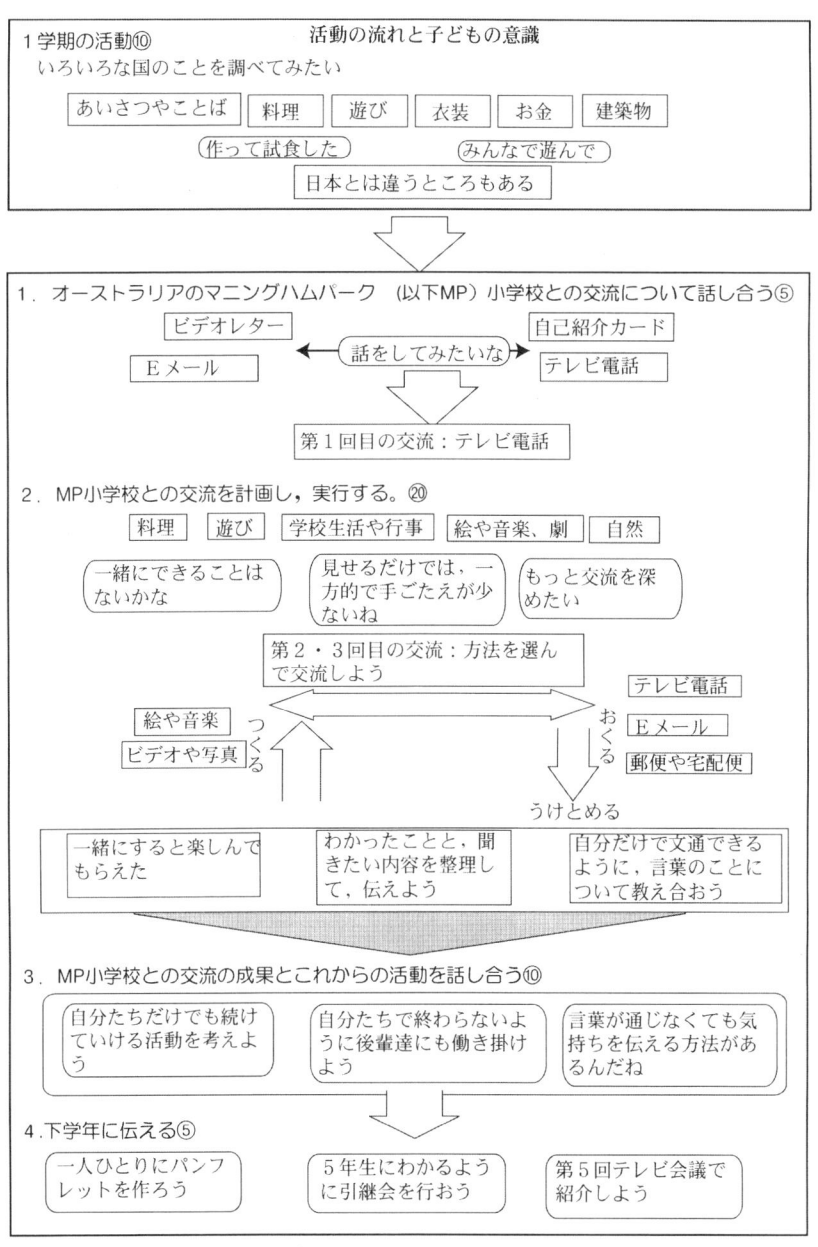

- 自分たちだけでも続けていける活動を考えよう
- 自分たちで終わらないように後輩達にも働き掛けよう
- 言葉が通じなくても気持ちを伝える方法があるんだね

4. 下学年に伝える⑤

- 一人ひとりにパンフレットを作ろう
- 5年生にわかるように引継会を行おう
- 第5回テレビ会議で紹介しよう

図3　子どもの活動と指導者の支援（全50時間）

6．他教科との関連

1学期	
・日本と他の国の生活の違いについて話し合う。 ・自分が調べたいことと方法について話し合う。 ・計画にしたがってまとめたり，試したりする。 ・調べごとを互いに交流する。 ・これからしたいことについて話し合う。	← 社会 世界の環境問題から，世界に向いた目を生かす。 ← 国語 説明文「ことばと文化」を世界の文化に関心をもつ契機とする。 ← 家庭科 食事の観点で，他の国の文化を考える観点とする。
2学期	
・オーストラリアの小学校との交流について話し合う ・交流内容や方法について話し合う。 ・計画をもとに，交流する。 ・交流の成果とこれからの活動について話し合う。	← 社会 通信についての見方・考え方を交流に生かす。 ← 図工・音楽 表現活動への関心・技能等を交流に生かす。
3学期	
・オーストラリアの小学校との交流を続けながら，下学年へ引き継ぐ。 ・日本と世界とのつながりの中で，自分が何ができるかを話し合う。	→ 社会 個人から国どうしの交流に目を向け，発展させる。 ← 世界の中で自分のなすべきことを考えることにつなぐ。

7．調理の授業の展開

課題	他の国の料理を作ろう（1学期）	
ねらい	他の国の料理を作って味わう	6・7／10
学習活動の流れと子どもの意識		教師の支援
1.調べてみたい国の料理について調べる。 ・作り方のわからないところは，大使館や二国間協会に聞こう。 ・日本の主食と比べてみたい。		・どこで調べたらよいかわからない子どもには，各国の施設を紹介する。 ・調べたことをまとめられるように学習カードを準備する。

2.レシピを作り，材料を用意する。 ・イタリアのブルスケッタとカプチーノを作ろう。 ・タイの主食とデザートを作ろう。 ・材料を手分けして買ってこよう。	・調理の方法についてわからないときは相談にのる。 ・日本との違いを関連づけて活動できるように，日本の料理を意識できる言葉かけをする。
3.レシピに基づいて料理を作る。 ・主食を作る人とデザートを作る人に分けよう。 ・火かげんをよく見よう。	・短時間で手順よく作れるように，グループで話し合うようにする。
4.試食する。 ・かんたんにできておいしいな。 ・日本のより薄味だった。 ・他の人にも食べてもらおう。	・試食のための用具を準備する。 ・調理方法でこまっているグループがあれば，手伝うようにする。
5.思ったことや感じたことをまとめる。 ・日本の朝食とは量や味がずいぶん違う。 ・イタリアは昼食が主なので，朝食は簡単だ。	・試食の時間をとり，他のグループにも味わってもらうようにする。 ・日本との違いを観点にして，振り返るように助言する。

課題	他の国に日本の料理を伝えよう（2学期）	
ねらい	料理を中心に交流する	10・11／20
学習活動の流れと子どもの意識		教師の支援

1.日本の料理について知ってもらう方法を考える。 ・実物を送ろう。 ・レシピと写真を送ろう。 ・テレビ会議で作ってみせよう。	・子どもたちの目的に応じて，実物や手紙を送ったり，テレビ会議を使ったりする方法を知らせる。 ・レシピを翻訳してもらう人を頼む。
2.考えた方法で料理を伝える。 ・日本の朝食のレシピを描こう。 ・レシピと材料を送って作ってもらおう。 ・作ったべっこう飴とレシピを送って，実際にテレビ会議で作ってみせよう。	・国際エクスプレスメールで速く送れるように手続きをする。 ・テレビ会議で実際に作れるように，場と道具を準備する。

8. 学習の成果

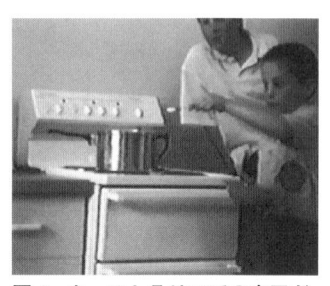

1学期の活動では、料理作りを通して、日本と他の国との違いを感じ取っていた。実際に作ることによって、量の違いや味の違いなどに気づき、その国らしさに目を向けることができていた。

図4 オーストラリアでの白玉だんご作り

また、2学期の活動では、こちらから送った白玉だんごの材料とレシピで、オーストラリアの子どもたちが実際に白玉だんごを作っている様子をビデオレターで送ってきた。それを見た子どもの感想である。

「白玉だんごを作っているときに一番伝わってきたことは、とっても喜んでくれていたことです。それにみんな作るのを楽しんでくれているようでよかった。これで、料理の交流はできました。」

また、テレビ会議で「べっこう飴づくり」をした子どもは、「交流でうまくいったことは、べっこう飴を送ると、オーストラリアの飴を送ってきてくれたことです。向こうの小学校の人たちと仲よくなれてよかった。」と書いていた。

図5 送った材料

このように、子どもにとって関心の高い食べものを素材とすることで、興味・関心が持続し、交流がしやすくなったといえる。

9. 今後の課題

本実践では、品物を送っても感想や手応えが返ってこない、活動に時間がかかるという問題が残された。その解決のためにも、相手校との綿密な打ち合わせや、子どもの多様な追求方法に対して、支援するための人員や場の確保が必要である。

図6 送られてきたお菓子

2　『土と人にふれ合う野菜の栽培』
(大阪市立南市岡小学校からの報告)

1．学校の様子
　大阪市の中心地にある,生徒数約153名,教職員数18名,全学級数7の小規模校である。本校では,過去10年間にわたって,地域と学校が一体となり,花いっぱい活動に取り組んできた。この特色を生かして,平成11年度より,第1学年から第6学年までの総合的な学習を組み立て,栽培を中心とした学習活動を実践してきた。

2．題材のねらい
　これまで生活科を中心として鉢植えによる植物の栽培を行ってきたが,総合的な学習がスタートするのを契機に学校全体の活動とし,栽培,調理,交流会の展開を含む学習活動を行うことにした。異学年や地域の人々とのふれ合う場面を設定し,自主的な活動となるよう心がけた。それぞれの発達段階に応じて責任を持って植物を育てる態度や,人を思いやって活動できる態度を育成したいと考えている。また,学習活動の中で収穫の喜びや交流会での楽しさも実感させたい。
　この報告は,5年生の総合的な学習として実践したものであるが,総合的な学習と家庭科の連携を行っており,調理の学習活動の場面では,教科学習としての基礎・基本をふまえた内容となっている。

3．実践までの道筋
　本校では,児童に興味・関心のある草花や野菜の栽培を行っているが,その活動の中心として,児童と地域の人たちで結成している「栽培同好会」がある。サラダ菜や大阪白菜,にんじんや小松菜などの野菜や桜草,かすみ草,ポピー,菊など季節に応じた栽培活動を行ってきた。総合的な学習で行った野菜の栽培は,この同好会での活動を学校全体の活動に広げたものである。

表1 1年間の学習活動の流れ（5年生）

題材	時期	活動の目的	活動の内容
はじめまして	4月	異学年集団の顔合わせ	自己紹介など
栽培をしよう	5月～8月	・力を合わせて育てる。（かぼちゃ，じゃがいも，ほうれんそう，にんじん，など）	・土作り，種まき，水やり，育ちの観察，追肥など
6年生とバーベキューをしよう	7月	・自然とふれ合う。 ・育てたじゃがいもを味わう。	・6年生と自然体験学習の機会にバーベキューを6年生に作ってもらって食べる。
自分で育てた野菜を調理しよう	9月	・目的に応じた調べ学習ができる。 ・実際に調理し，作り方を確認する。	・1年生に喜ばれる料理を考えて作り方を調べる。
ごちそうになったお礼に6年生を招待しよう	10月	・必要な調理ができる。 ・交流会の企画をし，実行する。	・6年生を招待して食事の会を開く。 ・地域の人に協力してもらって，かぼちゃの料理を作る。
1年生と交流会を開こう	11月	・必要な調理ができる。 ・交流会の企画をし，実行する。	・1年生に喜んでもらえる料理を作る。 ・みんなが楽しく交流し合う。
茶話会に使えるお花を育てよう	11月～3月	・花の種まきをする。	・目的を持って活動する。 ・日々のせわをする。
6年生に贈り物を作ろう	12月～1月	・中学校で使えるお弁当の袋を作る。	・喜んでもらえるよう工夫する。

　また，本校では，児童会でふれ合い班を編成し，1年生から6年生までの異学年集団での活動の場を作って交流を続けている。5年生が1年生の栽培した野菜をもらって調理を行い，お礼に野菜料理をごちそうしたり，6年生から5年生に「ご飯とみそ汁・じゃがいも料理」をごちそうしたり，と生活科や家庭科の授業を生かして，児童の交流を深める機会としてきた。総合的な学習では，栽培活動も1年生といっしょに行い，

栽培から交流会へとつながる,異学年のふれ合いを含む学習活動とした。

4．総合的な学習の計画

　地域の人々との交流や異学年との交流は一年を通じて行ったが,野菜の栽培については,秋までの半年の学習活動とした。1年生から5年生で秋に収穫できるものを選び栽培した。収穫があるたびに,異学年との交流の機会とし,1年生との交流会は,11月に予定することにした。調理に関する部分については,家庭科の授業と関連づけながら進めることにし,調べ学習と交流会の準備を進めた。6年生では,洋種山ごぼうを栽培し,草木染めを行ったりしている。

5．総合的な学習と家庭科の関連

　調理を中心にする学習活動は,収穫した野菜を調理して食べるまでの活動で,「自分で作った野菜を調理しよう」(全7時間)とした。1年生が作った野菜もいっしょに使って,1年生に喜んでもらえる料理を作ることが学習活動の大きな目標である。家庭科の授業となる部分と総合的な学習の部分とが混在しているので,家庭科と総合的な学習の評価の観点を並べて表2に示した。

6．野菜料理の学習活動の流れ

　野菜の栄養についての学習の後,どんな野菜料理があるか,どのようにして作ればよいかを調べ,自分たちの作りたい料理の見通しを立てることにした。情報を収集する手だてとして,図書館やインターネットの利用のほか,家庭での聞き取り等も行っている。調理室には,本棚を置いたり資料の展示コーナーを作るなど,学習のヒントになるよう工夫した。

　子どもたちは,春からの活動で知った1年生の様子を思い出し,年長者としての思いやりを生かしたものにしたいと考えているようであった。

　表3に,調べ学習の活動展開を提示した。

表2　本題材の評価の観点

			家庭科の特徴が強い学習活動					総合的な学習の特徴が強い学習活動		
				家庭科の評価の観点				総合的な学習の評価の観点		
時	学習活動	学習指導要領の内容	家庭生活への関心・意欲・態度	生活を創意工夫する力	生活の技能	家庭生活についての知識・理解		主体的な取り組み	情報の活用	表現する力
1 野菜は好きですか	給食調理員さんや栄養職員さんの話を聞く。	ほうれんそうの栄養的な特徴や調理方法について考える。	野菜は大切な食材であることを知る。			野菜の大切さがわかる。野菜の栄養的な特徴がわかる。ゆでたり、油炒めをしたりする調理方法がわかる。食品を組み合わせることが必要があることがわかる。				
2 いっしょに食べてくれるようにがんばろう	1年生が喜んで食べてくれる野菜を調べる。							1年生の様子を知って、適切な料理を考える。	レシピの収集と検討をする。	
3 計画を立てよう	料理の計画を立てる。	ほうれんそうの調理をする。		盛りつけや配膳を考え食事を楽しくする。	調理の計画を立てる。					
4/5 試し作りをしよう	自分のレシピにそって作ってみる。	ほうれんそうなどの炒め方、焼き方、取り扱い方に留意し、安全に調理する。	自分や友達のよいところを発表しよう。	盛りつけや配膳を考え食事を楽しくする。	調理用具に応じた後片付けや環境面に配慮した後かたづけをする。			交流会を企画する。		料理のイメージを表現する。レシピを作る。
6/7 いよいよ本番	1年生が喜ぶほうれんそうとにんじんの料理を作ろう。	ほうれんそうとにんじんを使った料理を衛生的に取り扱い、安全に留意して調理する。	調理方法を確かめる。		安全・衛生面に気をつけて調理する。環境に配慮した後かたづけをする。	野菜の料理法を知る。		楽しい会を工夫する。		わかりやすく発表する。

表3 ほうれんそうを食べてポパイになろう

題 材	育てた野菜を調理しよう（全7時間）		小題材	ほうれんそうを食べてポパイになろう(1時間)
目 標	1年生が喜んでくれる野菜料理を調べる			2/7
学習過程	児童の活動		教師との関わり・指導と支援	評価
とらえる	1.1年生が喜んでくれるほうれんそうやにんじんの料理を考える。		・野菜料理をパソコンで検索し，わかったことをまとめるよう支援する。	
	・野菜がきらいな子に食べてもらうにはどんな工夫をすればよいだろう。 ・1年生が好きそうな料理を探そう。			
やってみる	2.インターネットや本で調べる		・必要な情報が得られるように検索のしかたや調べ方を助言する。 ・前もって家庭で聞き取ったことも参考にしてよいことを助言する。	・レシピを収集する。
	・ほうれんそう料理のページを探そう。 ・炒めものの火かげんのポイントを確認しよう。 ・どんな材料が使われているかな。			
まとめる 生かす	3.調べてわかったことを発表する		・調べたことの中で材料や用具の工夫，取り入れるとよいと思うポイントなどがよくわかる発表ができるように助言をする。	・野菜の調理法を知る。
	・材料や作り方がわかったよ ・火かげんは大事だね。 ・炒め方，ゆで方はどうするのかな。 ・味つけがいるんだよね。 ・作るための道具は何がいるのかな。			
	4.調べたレシピを印刷したり，まとめたりする			
	たくさんの資料が集まったね。			

　表4では，自分たちの作る料理のイメージをふくらませ，実際に作るための準備をする活動を行っている。色合いを考え，盛りつけを考えること，食べやすいように火かげんを工夫することなどがあげられていた。イメージ画を描いてみたことによって，野菜の切り方をもう一度相談したり，食器を探してみたりと，自分たちの作ろうとする料理の具体的な問題点をあらためて発見することができた。

　これから作ろうとする料理の発表では，自分たちで作ったレシピの提案も行ったが，1年生に対する考え方や料理の作り方について質問や意

表4 「調理の計画を立てよう」

題　材	育てた野菜を調理しよう（全7時間）	小題材	調理の計画を立てよう（1時間）
目　標	1年生も喜んでくれるほうれんそうやにんじんなどの料理の計画を立てる		3／7

学習過程	児童の活動	教師との関わり・指導と支援	評価
やってみる 考える	1.調べたことをもとにし，1年生が喜んでくれそうなほうれんそうやにんじんの料理を考える。 　　・野菜がきらいな子に食べてもらうように工夫しよう。	・グループごとに計画の助言をする。	
	2.どんな料理にするのか考えよう 　　・イメージ画を書いてみる。 　　・調理カードを作ってみる。 　　・記入する内容を考えよう。	・必要な情報が得られるように検索のしかたや調べ方を助言する。 ・簡単に作れるほうれんそうやにんじんの料理になるように助言する。	・料理のイメージを表現する。
まとめる 生かす	3.各班で作る料理について話し合う 　　・野菜の洗い方，切り方はどうかな。 　　・火かげん，加熱時間はどうかな。 　　・炒め方，ゆで方はどうかな。 　　・フライパン等の扱い方はどうかな。 　　・味つけを考えよう。 　　・ごみの処理について考えよう。	・安全面・衛生面・環境面にも留意して，試し作りで確かめておきたいことを話し合うように助言する。	・レシピを作る。
	4.イメージ画などを発表し合う。 　　・1年生が喜んくれるといいね。		

見が出され，情報交換の場となっていた。多数の意見交換によって，よりよい料理を作ろうとする意欲が高まったようである。

　表5では，自分たちの作ったレシピで料理を実際に作ってみて，作り方や盛りつけの修正を行っている。盛りつけもバイキング方式となった。家庭科の授業を主体的な学習に発展させたものとなっている。

7．今後の課題

　調理は創作活動としての一面を持っているが，自分が作ろうとする調理に見合った調理の技術が必要である。調理については，家庭科の授業

として，総合的な学習の流れの中に教科学習を位置づけることができた。今後は，栽培活動と関連づける教科の幅を広げ，社会や生活により密着した課題を設定していきたいと考えている。

表5　「試し作りをしよう」

題材	育てた野菜を調理しよう（全7時間）	小題材	試し作りをしよう（2時間）
目標	・ほうれんそうやにんじんなど野菜料理のゆで方，炒め方，焼き方がわかる ・調理機具を衛生的に取り扱い，安全に留意して調理する		4・5/7

学習過程	児童の活動	教師との関わり・指導と支援	評価
やってみる 考える	1.各班で確かめ合いながら試し作りをする。 ・なべの大きさや水の量はこれでいいのかな。 ・ゆでる時間は何分ぐらいがいいか試してみよう。 ・火の強さはこれくらいかな。 ・加熱時間はどれくらいかな。 ・フライパンに入れるときの油の量，焼くときのタイミングをつかもう。	・加熱時間，火かげん，用具の扱い方に着目して調理するように助言する。 ・野菜の固さや切り方によって，加熱時間や火かげんが異なることがわかるように支援する。 ・安全面に気をつけるよう注意を呼びかける。	・安全・衛生に気をつけて調理する。 ・野菜の調理法がわかる。
まとめる 生かす	2.盛りつけ方や食べ方を考える。 1年生が食べたいものが自由にとれるように，バイキング形式にしよう。 3.試食してわかったことを話し合う。 ・野菜の切り方をかえるといいね。 ・ゆで方を考えよう。 ・油をもう少しへらしてみよう。 ・火かげんはどうだったかな。 ・味つけはこれでよかったかな。 ・1年生においしく食べてもらえるように工夫しよう。 4.後かたづけをする。 ・油よごれはふき取ってから洗おう。 ・ごみを分別しよう。 5.1年生に作る野菜料理を確認する。	・イメージ画をもとに手早く盛りつけられるように促す。 ・簡単に作れるほうれんそうやにんじんの料理になるように助言する。 ・1年生に取りやすい盛りつけになっているか助言する。 ・話し合ったことをもとにレシピを修正する。 ・環境面，衛生面に留意してかたづけをするように働きかける。 ・役割や分担，手順も確かめるように促す。	・盛りつけや配膳を考え楽しく食事できたか。 ・友だちや自分のよいところを発表する。 ・調理用具に応じた後かたづけをする。

2．中学校からの提案

1 『ブラジルの料理を知ろう』

（兵庫県山南町立山南中学校からの報告）

1．学校の様子

　生徒数約260名，教職員数21，学級数8学級の小規模校である。山間部の花木や野菜の栽培地帯に立地する。米栽培の農家は少ない。自営業が多い。平和教育に力を入れており，素直な気持ちで人との交流に取り組める素地がある。3世代同居の家庭が多く，高齢者に対する思いやりが育っている生徒も多い。社会の変化に主体的に対応し，こころ豊かにたくましく生きる生徒を育成することをめざし，「実践できる，素直な対応，自分と他人を大切にする」という学校の目標を掲げている。

2．題材のねらい

　一人ひとりの個性を伸ばし，真剣で意欲的な学習態度の育成を図ること，自ら学ぶ意欲や思考力，判断力等を育成する学習活動を推進することを目的として，ブラジルについて自然や文化，歴史など，生徒が課題を設定して調査研究・発表を行うことにした。また，異文化の生活を持つ人との交流によって，国際的な視野と態度を身につけることもねらいの一つである。実際の活動の中では，ブラジルからの就労者一家との交流を行い，家族の生活の様子や願いを知ることとなり，自己の生活や家族を振り返る機会とすることもできた。さらに，主体的に学習を進め課題を解決していく学習活動の中で，調査研究の方法を知ること，発表や表現の工夫をすることもねらいとしていた。

3．実践までの道筋

　地理的に異なる地域の生活を知ることによって，地球的規模の視点を持つことのできる学習活動を設定したいと考えていたが，この学年には，

ブラジルから小学校のときにこの地域に転居してきたサルバド君が在籍していたため，生徒たちはブラジルに強い関心を持っていた。そこで，「ブラジルを知ろう」を総テーマとして設定した。自然・地理，歴史，産業，生活風土，文化の課題を提示し，関心のある課題の中で，具体的な活動の課題を決定していくことにした。

「ブラジルの料理を知ろう」の学習活動では，サルバド君の自宅に招待されたことのある生徒が，ごちそうになったお菓子をみんなで食べてみようと提案したことから，ブラジルの食生活，ブラジルの料理に取り組むことになった。

4．中心となる学習素材

取り上げたお菓子ベイジーニョは，誕生日やパーティー，お祭りのときに食べられるもので，サルバド君の大好物であった。ブラジルの家庭では，朝食に手作りのケーキを食べたりもするようで，甘いものが好まれ，手作りのお菓子もよく食べられているようであった。また，カンジャ・ジ・ガリーニィヤという鶏肉の手羽先をにんにくで炒め，米とブイヨンで炊くものも取り上げたが，副食であるにもかかわらず，甘い・濃い味つけであった。

生徒たちは，調理の方法について，図書館，インターネットなどで調査を行ったが，十分な情報を得ることができなかった。そこで，生徒たちは，サルバド君の家族から聞き取り調査を行うことにしたが，両親は日本語があまりできないことと，サルバド君が調理にくわしくないことから，調理の方法は明確にならなかった。結局，ポルトガル語の指導補助員の先生の協力を得て，レシピを完成することができた。

材料のココナッツの粉は，週2回，ブラジルの食材をトラックで売りに来られている業者からサルバド君を通して購入した。

5．総合的な学習の時間の計画

学校として総合的な学習の体制がまだ十分できていなかったので，選択教科の枠組みの中で，16時間を総合的な扱いとして学習を行った。

家庭科では,「世界の調理」を行っていたが,その中で「ブラジルのお菓子」について調べ学習を行っていたため,スムーズな展開となった。平成13年度の3年生は,教科授業時間735時間,特活35時間,道徳35時間,総合的な学習70時間,選択教科・行事・その他175時間,合計1,050時間とし,総合的な学習の時間を確保している。テーマも「ザ・オキナワ」として,平成12年度と同様に自然,地理,歴史,産業,生活風土,文化に関する課題に取り組んでいる。

6. 題材の指導計画

ブラジルのお菓子に関する生徒の学習の流れは,概ね表6に示すようであった。

家庭科の調理実習と異なり,計画の段階に,長時間の「討論」を置いている。班による学習活動であったため,生活という大枠は設定されていても,具体的に何を課題にして追求するかということになると,かなりの時間が必要であった。相互の興味・関心の一致するところを見つけることは,その後の活動の積極性に

表6 学習活動の流れ

授業	展開	生徒の活動	時数
1	討論	提案と討論	2
2		意見の集約	2
3	調査	調査の計画	2
4		調査の実施	2
5	体験	調理の計画	2
6		調理の実施	2
7	発表	発表の準備	2
8		発表と評価	2

大きく影響すると考えられるので,大切にした。また,討議の中では,取り組みの見通しも話し合われており,学習活動の全容を決定する段階であるといえる。

「調査」は,レシピ作りのほかに,技術の問題,材料の問題が予想されたので,実際に作ることができるかを探ることも目的であった。生徒たちは,計画に沿って情報の収集を行ったが,情報量が不十分であったため,計画を見直し,聞き取りを追加している。この時点で,調査計画の評価が行われたことになるが,生徒が自覚的に見直しをしたのではなく,必然的な流れとして展開されていた。聞き取り調査も体験的学習であるといえるが,あくまでも調理が目的であるので調査の段階とした。

「体験」では,自分たちに作れるレシピの完成と調理の実施と試食で

ある。レシピについては，第4章で紹介している。取り組みの様子は，生徒の感想をまじえて次に詳述する。選択教科の「世界の調理」では，レシピの提示は，指導者が中心となって行っており，今回の取り組みは，生徒たちにとっても不安な点が多かったようである。

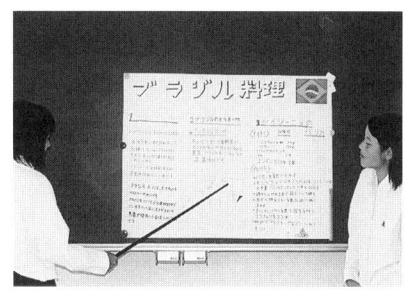

図7　発表風景

「発表」では，他の学習活動との交流を行うことによって，ブラジルについての総合的な理解が可能となった。発表の事前と事後に評価を置いたのは，自己の到達目標点への評価と，他者からの意見，他者との比較をふまえての評価を行わせるためである。

7．他教科との関連

「ブラジルのお菓子を知ろう」では，家庭科との関連が深い。選択教科で調理を行っていたので，調理に関心がある者が多かったこと，調理技術をある程度持っていたことが，取り組みをスムーズにさせた。外国語の補助教員の協力は，通訳だけではなく，ブラジルの食生活に関する重要な情報源となった。しかし，今回の取り組みでは，選択教科がベースになっていたため，個々の班の学習活動も教科性の強いものとなった。自然，地理，歴史，産業などの課題については主に社会科教員が中心となって支援を行い，生活風土，文化などについては，家庭科，英語科が中心となって指導・支援を行った。

8．調理の展開

「体験」にあたる調理については，次のような展開となった。ベイジーニョは約40分でできる非常に簡単な料理である。活動の様子は，このベイジーニョについて紹介する。

感想の話し合いの後，自己評価を行った。レシピのできばえ，料理のできばえなどを反省点の項目とした。具体的なものを成果として味わっ

表7　「ベイジーニョを作ろう」の流れ　　　　　　　　　　授業時数2時間

題　材	ブラジルの料理を知ろう	
小題材	ベイジーニョを作ろう	
目　標	・ベイジーニョのレシピを実際に作ってみる ・できた料理を味わう	
生徒の活動		教師の関わりと支援
1．作り方を確認する 　　役割分担の割り振り 2．身じたくを整える 3．用具を準備する 4．ベイジーニョを作る 　　バターをなべでとかす 　　材料を加える 　　なべの中でよく練る 　　だんごを作る 5．盛りつける 6．試食 7．感想を話し合う		・レシピのチェック ・安全・衛生の確認 ・用具・材料の確認 ・卵黄が固まらないように少しさます ・手にバターをつけるとよい

た後なので，討論から調理まで学習活動全般にわたって振り返りを行うことができた。調理が簡単であったので，十分な時間をかけることができたことも幸いした。

9．学習の成果と生徒の感想

　生徒は，ブラジルの料理を作り食べてみることによって，サルバド君の育った環境との違いを感じることができた。また，レシピを作る段階で，ブラジルについて多くの知識を得ることもできた。日本にいる外国人の生活が，日本人と異なるものであることを理解できたようである。他国での生活のむずかしさは，食材探しの結果，サルバド君に依頼せざるを得なかったことからも実感したようである。また，それと同時に，あらゆる食材を探せば入手できる食生活の豊かさにも驚いたようであった。
　以下に生徒の感想をいくつか紹介する。

○材料からからもわかるように，今までに僕たちが食べたことのない味でした。ココナッツの風味が強く，日本でいうとだんごのような形をしています。食感は，外はサク，内はモッチリしていました。僕は，アルバド君の家で「ボルヂフ・バ」というレアチーズケーキのようなお菓子も食べました。ブラジル料理に共通していると思うことは，「味がしっかりしている」ということです。ただしっかりしているのではなく，その中に，いろいろな風味がつまっていると思います。ベイジーニョも，初めはココナッツの味が強いのですが，後から，砂糖とは違う独特の甘さが出てきます。これは，一度食べたら，もう一度食べたくなる一品です。
○作り方は，簡単でとてもおいしくてよかったです。味は，甘いけれどコンデンスミルクの味がきいていて，かめばかむほど，どんどん味が出てきておいしかったです。初めて食べたので不思議な味だとも思いました。やはり，外国の食べ物の違いは大きいと思いました。一つ，気をつけなければならないのは，コンデンスミルクの煮込み具合で，味が変わるということです。個人の好みもあると思いますが……。

　ベイジーニョは，簡単でおいしいと好評であったが，もう一つのカンジャ・ジ・ガリーニィヤは，甘く，味が濃いために生徒たちに不評であった。これらの感想を述べ合うことで，料理には，それぞれに口に合うものと合わないものがあり，食べてきたものの違いから，相互の違いを認め合うことができた。

10. 今後の課題

　今回の学習活動は，外国人家庭の生徒と，その生徒と親しくしている生徒が橋渡し役を行った。子どもはある程度日本語ができるが，家族は日本語が十分できなかったため，苦労した点が多かった。このような学習活動を通じて，地域に住む外国人家庭と交流を持つことができることは，大きな成果であるといえる。しかし，教員側からも，地域の人々との人間関係を構築しておく必要がある。親だけではなく，地域からの参加ができる学習活動にしたいと考えている。

2 『地域の特産品を使った料理を作ろう』

(兵庫県春日町立春日中学校からの報告)

1. 学校の様子

本校は、生徒数433名、クラス数13、教員数28名の中規模校である。山間部の盆地に位置し、学校の周囲は田畑が多く、家庭が農業を営んでいる生徒も多い。地域の学校として教育の中心的役割を担ってきた。

これまで、平和・人権学習を土台として、自己の生き方を見つめる力を育てるための学習活動を行ってきた。

2. 題材のねらい

本題材では、「自ら課題を見つけ、自ら学び、自ら考える主体的な態度や能力を育てる」ことと、「学び方やものの考え方、探求的な態度などの問題解決能力を育てる」ことをねらいとしている。

地域の特産品を調べる活動を通して、地域の生活や歴史、課題に目を向けた活動に発展させたいと考えて、本題材を設定した。地域の人々との交流から自分たちの住んでいる地域社会に対する理解と愛着、課題解決をめざす探求的な態度、他者と交流できる開かれた態度を養うことを目的としている。調理の実践と発表は、主体的に取り組むための具体的な目標として位置づけている。

3. 実践までの道筋

生徒の地域社会に対する関心を高めるための学習に、家庭科からのアプローチを含めた学習活動を行った。「地域の産業」というテーマで、主体的な活動を重視した学習を行うとうことを告げたところ、生徒たちは様々な課題を考えて提案した。その中で、地域の産業と自分たちの生活のかかわりや、近所の牧場や農家の様子を知りたいという意見も出て、地域の特産品の学習を行うことになった。兵庫県の「トライ・やる・ウィーク」の実践によって、地域と学校の距離がせばまり、生徒も地域に

関心を持つようになってきていること，教員による地域との連携体制が構築されてきており，教員も地域情報にくわしくなっていることなどが学習活動の力となった。生徒は，班ごとに調査の対象や情報源の特定の相談を行い，聞き取り調査を行った。

地域の特産品として農産物を取り上げ，調べ学習のまとめと発表会を行った。その後の活動として，地域の特産物をたくさん食べてもらうための提案料理を作ることになった。なすのほかに，モロヘイヤやエリンギーを使った料理やお菓子作りにも取り組んだ。また，古くからの郷土料理の効率的な資源の使い方に着目した班もあった。

聞き取り調査は，土曜日の午後などに行ったが，材料費などは生徒の負担となった。聞き取り調査によって得た情報を整理し，交換し合う機会を設けるなど，共有のデータとして活用できるように配慮した。

4．中心となる学習素材

生徒たちが考えたメニューは，よもぎだんご，よもぎの天ぷら，あざみ菜ピラフ，牛乳もち，きなこスープ，スプーンクッキー，モロヘイヤうどん，生しいたけとエリンギーのスパゲッティ，モロヘイヤカップケーキ，なすの田楽，とうがらしのつくだ煮，栗おこわ等である。地域の農産物を使ったり，自宅で栽培したものの調理等を計画していた。とうがらしのつくだ煮は地域の伝統的な料理である。特に地域の特産品として生徒たちに注目されたのは，春日なすびと呼ばれる千両なすである。野菜栽培の中でも商品価値が高いとして，この地域では，昭和40年ごろから作られるようになった。最盛期には，500軒ほどが栽培していたが，現在は10分の1ほどになっている。年間320トンの収穫があり，7月から8月にかけて収穫の最盛期となる。このなすを調べることによって，栽培の方法，流通のしくみ，地域の歴史など多くの課題を見つけることができた。

5．総合的な学習の時間の計画

本報告は，1年生の2学期に地域学習として行っている領域別学習

（18時間）の「産業」の中の9時間分である。「産業」では，地域の生活と産業の関係を学ぶことが中心となる。このほか，領域別学習には，環境と社会福祉の領域を設けている。

　本校の総合学習の各学年の中心となる学習活動は，1年生は地域学習とスキー学校，2年生は「トライやるウィーク」と福祉教育，3年生は平和学習と自己の生き方を考える学習である。1年生から3年生までの年間計画を表8に示す。

表8　総合的な学習の年間計画

時期	学習区分		時間	単元名		ねらい（学習スキル）
第1学年	1学期	基礎学習	3時間	総合的な学習とは		総合的な学習のイメージ化
	2学期	領域別学習	情報化	18時間	春日町を知ろう	春日町の産業	問題把握（情報収集の方法・図書館・情報機器の利用方法，フィールドワークのしかた，話し合いのしかた・レポートの書き方・プレゼンテーションの方法・研究発表のしかた等）
			環境	18時間		春日町の環境	
			社会福祉	18時間		春日町の福祉	
	3学期	社会福祉	18時間	福祉弁当作り		事前学習をもとにした体験
		領域総合	10時間	スキー学校に向けて		自然の雄大さに触れる
第2学年	1学期	領域総合	1時間	トライやるウィークに向けて		体験学習により，働く目的や価値について考える機会とし，自分の人生設計に役立てる
		領域総合	30時間	トライやるウィークに向けてトライやるウィーク		
	2学期	社会福祉	2時間	養護学校との交流		人間として共に生きていくために必要な考え方や行動について学ぶ
	3学期	社会福祉	3時間	福祉弁当作り		昨年度の反省をふまえ，発展的にとらえた実践を行う
第3学年	1学期	領域総合	13時間	修学旅行に向けて（平和・体験旅行）修学旅行を終えて		問題の把握と体験によるイメージ化により自分の生き方を考える
	2学期	領域総合	9時間	文化祭の取り組み（自己の生き方に迫る演劇の取り組み）		主人公と自己を対決させる中でよりよい生き方を考える（自己表現）
	3学期	領域総合	10時間	春日町模擬議会		未来社会に対する構想や様々な視点からの自己の意思決定に基づく提言・提案
	通年	領域総合	3時間	進路を考える		将来の自分を考え，自己の生き方を考える

具体的な評価の観点として，①課題を見つける（身近な生活の中から課題が見つけられる），②意欲的に学習に取り組む（興味を持ったことについて自分から調べられる，進んで話し合い活動に参加できる，自分の役割に責任を持って取り組む，最後まで取り組む），③自分で考えようとする（自分の考えが言える），④よりよくなるように工夫する（いろいろな方法で調べられる，自分の考えをいろいろな方法で表現できる），⑤自分の生き方に結びつける（自分の考えと比べながら考えられる，友だちと協力しながら取り組むことができる，友だちのよいところを見つけることができる，自然のすばらしさに感動することができる，問題点を指摘できる）を考えている。これらの例の中から，学習活動に応じて評価の観点として用いることにした。

6．題材の指導計画

本題材の学習活動は，1．計画（2時間），2．調べ学習（5時間），3．まとめ・発表（2時間），4．なす（特産品）の調理方法を調べる（2時間），5．調理計画（3時間），6．調理実習（2時間），7．反省・まとめ発表（2時間）の流れとなった。1.でテーマにそった各班の具体的な課題を決め，2.の調べ学習で，地域の産業について，図書館での調べ学習や地域の人々，生徒の家庭からの聞き取り調査などを行っている。4.以下から調理を中心とした学習活動となる。

7．他教科との関連

地域の特産品調べでは，社会科との関連が深い。全国の様子と地域の様子を比較するなど，資料による地域の把握もできた。栽培の様子などについて調査した班では，理科との関係が深かったが，これは環境の領域で学習が進められた。産業では，社会科と家庭科が担当したので調査の方向が制限された。しかし，希望する領域での学習ができたので，生徒たちは意欲的であった。

表9　特産品を使った調理の流れ

題　材	地域の特産品の活用を考えよう	小題材	特産品を使った料理（全9時間）
目　標	・興味を持ったことについて自分から調べることができる ・目的を持って資料を収集し，必要な情報を選び取ることができる ・友だちと協力しながら最後まで取り組むことができる ・特産品の調理法を考えることができる ・特産品の調理ができる		

学習の展開	生徒の活動	教師の支援	評価の観点
課題の確認	1．特産品の料理を調べよう。（1時間） ・調べる内容を決める。 ・調べ方の打ち合わせ。		
討論	2．特産品を使った料理のレシピを考えよう。（1時間） ・作り方の資料の整理する。 ・自分たちに作れるものを考える。 ・各家庭での情報を交換する。 ・季節を考える。	・いろいろな種類があることに気づかせる。 　煮物，炒め物，漬け物，汁物等。	・調べたことをもとに行動の計画を立てることができる。
計画	3．なす（特産品）のオリジナル料理を作ろう。（1時間） ・なす（特産品）の特徴について意見を出し合う。 ・火かげんや味つけ，手順なども検討する。 ・材料の特性を生かせているか検討する。	・なす以外では，ししとうがらしなど。 ・特産品のよさを生かす料理にできるよう呼びかける。	・考えたことをまとめて表現できる。
実践	4．レシピを作ろう。（1時間） 5．作り方の確認と作業の分担をしよう。（1時間） ・買い物の計画。 ・手順の確認。 ・必要な用具や食器の確認。 ・時間を含めた調理計画の作成。	・わかりやすいレシピになるよう注意する。 ・班で協力し合える計画となっているかチェックする。	・協力し合って活動できる。
	6．なす（特産品）を使って調理しよう。（2時間） （なすの田楽の場合） ・なすを半分に切る。 ・水につけてあく抜きをする。 ・ざるに上げ，ふきんで水気をふき取る。 ・油で揚げる。 ・みそ・砂糖・みりん・酒を合わせて，よく練っておく。	・材料・用具などよく洗い，衛生に気を配るよううながす。	・計画に沿って活動できる ・それぞれの役割の責任を果たすことができる。

	・すり鉢に白ごまをすり，よく練ったみそを入れてする。 ・なすを皿に盛り，みそをのせてでき上がり。 ・試食をする。 ・後かたづけをする。	・盛りつけや配膳にも工夫できることに気づかせる。 ・ごみの処理，衛生的なかたづけについて注意する。	
反省	・レシピ作りと料理作りについて，成果と反省をまとめ，資料を整理しておく。(2時間)	・資料を失わないよう注意する。	・活動をふり返りまとめることができる。
発表	7．発表会 ・発表の準備をする。 ・意見の交換。 　どの料理に人気が出そうだろうか。		・わかりやすく発表できる。 ・意見を述べることができる。

8．調理の授業の展開

　調理の授業については，特産品を使った料理調べから始まった。全9時間の学習活動の流れを表9に示す。どのように調べるか，特産品のどれを取り上げるか，どんな料理にするかなどの話し合いに十分な時間を取った。これは，活動の見通しを持たせることや，主体的な取り組みとするために必要な時間であった。調理中には，衛生面・安全面について注意をうながし，基本的な調理操作について必要に応じて指導を行った。

9．学習の成果と子どもの変容

　生徒は，調べ学習に熱心に取り組んでいた。調理の学習については，次のような感想があった。
・ぼくにもこんな料理ができるという自信がついた。
・みそとなすがマッチすることがわかった。
・なすの食べ方を広げることができてうれしい。
・なすは苦手だったけれど，おいしく食べられることがわかった。
・家で作って食べてもらったら，喜んでくれたのでうれしかった。
・なすをもっともっと食べてもらいたいと思った。
・周囲の畑に目が向くようになり，なすの花がわかるようになった。

調理に対する自信と，なすに対する理解が深まったようである。また，地域の産業として，なすを食べてもらう工夫を考える立場に立つことができるようになった。また，地域の地理的環境や特産物，商店や施設，農家の様子など，お互いに知らない生活にふれる機会となった。

10. 今後の課題

今後の課題として，領域別の枠組みの垣根を低くしていくことが必要である。社会科的に地域の問題に関する情報を収集・整理・分析し，その問題の解決や探求をする。また，理科的に，地域の環境の様子を観察し把握することから，自分の健康を守るための行動や地球環境の中で生きる姿勢について考えていく展開などが考えられる。これらが，地域の人々の生活によって，関連づけて展開していくこともできるのではないかと考えている。

3．高等学校からの提案

1 『日本と韓国の食文化と調理』
（大阪府立市岡高等学校からの報告）

1．学校の様子
　本校は，大阪市の中央部の人口の密集している地域にあり，周辺には中小企業・商店・住宅などが混在している。府立の普通科高校であるが，2学年次より標準コースと英語専門コースに分かれる。学校の規模は，生徒数は960名，クラス数は24クラスである。

2．題材のねらい
○韓国の食生活について調べることによって，韓国の食文化の知識を身につけるとともに，日本の食文化と韓国の食文化とのかかわりに気づく。
○研究旅行などのフィールドワーク・調理実習などといった体験的な学習を通して，日本と韓国の食文化の関係についてさらに理解を深める。
○調査や体験などの自発的学習活動によって得たものを，自分たちの考えによってまとめ，さらに広く多くの人に知らせることのできる能力を身につける。

3．実践までの道筋
　① 「総合的な学習の時間」のカリキュラムの領域設定
「総合的な学習の時間」は『生きる力』を育む学習活動を教科の枠を越えて行うことをねらいとしている。高校生の段階では，自らの将来の進路を決定するとともに，多様な社会の課題について考え，問題点を解決していくことのできる力をつけていくことが求められる。そのためには領域として『進路』『国際理解』『人権』『共生』等を設定する。
　② 本校の伝統と「総合的な学習の時間」
　本校は「自主自律」の教育方針のもとに伝統的に教育活動を行ってき

ている。特別活動，人権学習，学校行事などの様々な学校教育の場面で，生徒主体の活動を尊重してきた。この伝統を引き継いでいくことに重点をおき，総合的な学習のカリキュラム作りを行った。

③ 指導方法など

指導については，基本的には，各単元に必要な専門性をもつ教科担当者が中心となって，各クラス担任および副担任が指導にあたることを原則とした。しかし，「総合的な学習の時間」の教科目標の達成のためには，校内での教員の指導だけでは不十分であり，より幅広く，すぐれた知識や技術をもつ指導者や体験的に学習できる機会が必要である。そのためには，外部講師の招へいや外部の施設などへの訪問など，広く地域や大学・企業・OBなどの協力を得ることが学習の深化のためには重要である。

4．教材と学習形態

　気づき

講義またはビデオ	「日本と韓国の交流の歴史」
文献調査	韓国の食生活（食習慣・料理法など）について 日本と韓国の食文化のかかわり　など
インターネットの活用	韓国で流行している料理・旬の食材など
フィールドワーク	スーパーマーケットで売られている韓国料理の食材 地域にある韓国料理店の種類とメニュー 各家庭で食べられている韓国料理　など

　体験

調理実習	調理と試食
研究旅行（修学旅行）	高校生との交流・韓国の家庭での食習慣体験 食事（料理名・味・食材・価格など） 買い物（食材・料理の種類や価格など）　　など

5．「総合的な学習の時間」の計画

本実践は第2学年で行ったが，その年間計画を表10に示す。

表10　第2学年の年間計画（35時間）

国際理解　20時間	人　権　10時間	進　路　5時間
「日本と韓国の食文化」 ・講義「日本と韓国の交流の歴史」 ・班別テーマ学習「日本と韓国の食文化について」 ・調理と試食「韓国の日常食」 ・研究旅行（修学旅行）調査と交流 ・まとめ　班別討論とレポート作成 ・発表　全体発表会	「在日外国人問題」 ・講演「日本社会における在日外国人」 ・調査　文献や新聞記事などの資料収集 ・フィールドワーク「ピース大阪」や「リバティ大阪」などの見学 ・討論「真の国際人とは？」 ・まとめと発表	「進路の探求」 ・進路分科会「いろいろな職業について」 ・調査と体験　大学・専門学校説明会・見学会 ・レポート「自分の将来の生き方と進路希望」

6．題材の指導計画（全体）

「日本と韓国の食文化と調理」（全20時間）の指導計画は次のようである。

Ⅰ　オリエンテーション　　　　　　　　　　　　　　　　（1時間）

Ⅱ　講義　　「日本と韓国の交流の歴史」　　　　　　　（2時間）

Ⅲ　調査　　班別に，研究テーマを決定させ，文献・インターネット・フィールドワークなどにより調査させる。　　　　　　　（4時間）

Ⅳ　中間まとめ　調査内容をまとめ報告書を作成させる共に，調理実習で取り上げたい料理，および韓国への研究旅行で体験したいことを各班で決定させる。　　　　　　　　　　　　　　　　　（2時間）

Ⅴ　調理実習　調理の計画，調理，試食の体験をさせる。（本時3時間）

Ⅵ　研究旅行　韓国で高校生との交流を通して，各家庭の食習慣に触れたり，実際に買い物や食事をすることで，料理の種類や味食材・価格などから韓国の食生活を実感させる。　　　　　　　（4時間）

Ⅶ　まとめと発表　各班のテーマについて，調査による知識や体験を通して理解を深めたことについて，各班で自分たちの考えも入れてまとめさせる。また，多くの人々に伝わるように資料や発表方法に工夫して発表させる。　　　　　　　　　　　　　　　　　（2時間）

Ⅷ　評価と個人のまとめ　各班の発表を評価させると共に，一人一人に自分の意見を持ったレポートをまとめさせる。　　　　　（2時間）

7．他教科との関連
　　地歴科・・・韓国と日本の歴史，地形と気候の特徴
　　公民科・・・日本と韓国の経済構造と流通
　　家庭科・・・調理の基礎，食習慣，食材，調味料
　　情報科・・・インターネットの利用，プレゼンテーションの手段
　　国語科・・・発表の組み立ておよびレポート作成の方法
　　その他・・・修学旅行（研究旅行として）
　　　　　　　　文化祭（発表の場として）
　　　　　　　　留学生との交流
　　　　　　　　日本語教室（在日外国人の人達との交流の場＊）
　　　＊本校では，週1回夜間に在日外国人を対象とした日本語教室を開いている。

8．調理実習の展開
(1) 小題材のテーマ　「韓国の日常食を作ってみよう」
(2) 小題材のねらい
　韓国の家庭で日常的に食べられている料理を実際に調理し，試食することによって韓国の食文化について理解を深めるとともに，日本の食文化との相違点にも気づかせる。
(3) 小題材の計画　（計3時間）
　　　　調理の計画……………… 1時間
　　　　調理および試食………… 2時間
(4) 指導上の留意点
・実習の献立は，班ごとにできる限り異なる調理法のものになるように配慮し，各班の料理を互いに試食することで，より多種の料理を体験できるようにする。
・調理時間や予算に制限があることを知らせ，事前に十分指導する。
・安全・衛生等に十分配慮し，実習時は担任・副担任の必ず2名が指導

にあたるようにする。また，調理室の使用や実習時の注意事項について家庭科担当教員の助言等のもとに十分に研修しておく。

表11 調理実習の展開

	生徒の活動	教師の関わりと支援	備考
調理の計画（1時間）	・献立を決定する ・レシピを入手する（事前に） ・材料，調味料など，買い物の計画と予算の算出を行う ・調理手順と役割分担を行う ・調理実習計画プリントを作成し提出する	・各班の献立の調整と調理時間や予算から適当か判断する ・購入計画をチェックする　量が適当か，欠けているものはないか ・調味料など一括購入できるものがあれば，一括購入する ・時間配分や手順が適切か確認する ・必要な調理器具の種類や使い方などを確認させる ・調理実習計画プリントを提出させ，実習時までに班別指導する	・資料1 韓国料理の例 ・調理実習の計画プリント ・各班の材料費と会計報告書
調理実習（2時間）	調理（50分） ・調理の準備と諸注意 ・各班で調理の手順を確認する ・班で協力して実習を進めていく	・服装を整えさせる ・衛生と安全に関する注意を確認する ・計画表を返却して，手順と役割分担を確認させる ・各調理台を十分に巡回し，安全と衛生に十分配慮する	・各班の計画プリントを返却
	試食とまとめ（30分） ・他の班の料理も試食し，いろいろな料理を味わうことで，韓国料理の特徴を知る ・調理実習レポートを作成し，韓国料理についての理解を深める。また日本の料理と比較してみる	・互いに他の班の料理も試食させ，韓国料理の特徴に気づかせる ・調理実習レポートを作成させ，韓国料理の特徴と日本食との相違点に気づかせる	・資料2 調理実習レポート
	後かたづけ（20分） ・班で協力して後かたづけし，班長はチェック表で確認して報告する	・後かたづけの諸注意を確認する。 ・班長に報告させ，最終チェックを行う	・後かたづけチェック

表12 韓国の料理法と料理名の例

料理法	料理名
ナムル（野菜のおひたし・あえ物）	シムグチナムル（ほうれんそう） ムウナムル（大根） コンナムル（もやし）
センチェ（野菜の酢の物）	オイセンチェ（きゅうり） ミヨクチム（わかめ） ウェセンチェ（白うり）
ジョリム（煮物）	カジジョリム（なす） カムジャジョリム（じゃがいも） トウブジェリム（豆腐）
チム（蒸し物・蒸し煮）	ワクチョジ（大根と牛肉） オクトムチム（あまだい）
ボックム（炒め物）	テェジコギボッコム（豚ロースのピリ辛炒め） ジャントクトギ（牛肉のしょうゆ炒め）
ジョン（卵衣焼き）	ヤンバジョン（たまねぎ） パジョン（ねぎと海鮮など）
クイ（焼き物）	プルコギ（牛肉） キムグイ（焼きのり） タクプルコギ（鶏肉）
ムチム（あえ物）	オジンオチェムチェ（さきいか） プッコチェムチェ（しし唐辛子）

調理実習レポート		班	氏名		
料理名					
特徴と感想					
自己評価	計画は十分だった。				A B C
	実習は積極的にできた。				A B C
	後かたづけはできた。				A B C
☆各班の料理の特徴（料理法・食材・味等）					
班	料理名		特徴		
1					
2					
3					
4					
5					
6					
7					
8					
☆まとめと感想					

図8 調理実習レポート

9. 評　価

　「総合的な学習の時間」の評価方法として，従来の各教科のほとんどが行ってきたような評価法は適さない。本題材の評価は，教師の評価と生徒の自己評価および相互評価の三つの評価のトータルで行うこととした。教師の評価は，調査や体験など班別活動への意欲や積極性と発表内容や資料・発表方法の工夫，レポート等の提出物などに対して行った。生徒の自己評価は中間報告書・調理実習・各自のレポート作成の段階での学習活動の評価を，相互評価は最後の全体発表の場で各班ごとに行うこととした。

図9　実習風景

10. 成果と今後の課題

　今回の題材では，「総合的な学習の時間」の体験的な学習法の一つとして調理実習を取り入れるという試みを考えた。調理実習に限らず体験的な学習は，題材への関心を高め，理解をさらに深めるいう効果が期待できる。しかし，調理実習をスムーズに実施するためには，調理の衛生や安全に関する知識や調理の基礎的な知識や技術を前もって習得しておくことが前提となり，家庭科の授業計画との連係が重要となる。これは，その他の教科にもいえることであり，「総合的な学習の時間」の授業計画と各教科の授業計画の関連を調整する組織作りが課題である。また，実習など体験的な学習を行う場合，施設・備品等の不足も課題の一つとなるであろう。例えば，調理教室はほとんどの高校で1室しかなく，他の教室では代用できない。すなわち，調理実習を同一時間帯の一斉実施は不可能なので時間割変更などの工夫が必要となる。さらに，実習の指導はクラス担任および副担任が担当することを原則とするが，その場合，調理の知識はあっても調理実習の指導法の知識はほとんどない教員が担当するということで，時間などの十分な研修機会の確保も課題である。

2 『北海道の食から世界が見える』
(大阪教育大学附属高等学校池田校舎からの報告)

1．学校の様子
　大阪府池田市の丘陵地にある，生徒数約490名，教職員数30名，全学級数12の高校である。本校では95年より，第2学年において，複数教科の教員が参加して家庭科の時間を利用した総合的な学習を実践し，調理実習，情報，福祉，人権，環境などの問題に家庭科の枠内で取り組んできた。

2．題材のねらい
　2003年よりスタートする「総合的な学習の時間」を先取りする形で，99年には修学旅行の目的地である『北海道』を統一テーマとし，「北海道を五感で感じる」をコンセプトとして実践した。1年間の前半は，各担当教員が全生徒を対象に講義形式でコースごとの内容説明，後半は各生徒が希望するコースに分かれてグループ学習，最後にはコース別の学習の成果を共有するための全体発表会を実施した。
　本稿は，『北海道の食から世界が見える』を授業テーマとしたコースで，「北海道を食べよう」をキャッチフレーズとして実践したものである。修学旅行で，様々な北海道らしい食を味わってからの学習が中心であったので，それらの食材や調理法といった小さな窓から，北海道の生活や文化，北海道の抱える問題，あるいは世界が抱えている問題が見えてくるのではないか，というのがこのコースのねらいであった。また，調理に関する知識や技能を身につけるのはもちろんのこと，食材や調理法の中から自ら課題を設定し，集めた情報や調理実習を通してそれを深め，発展させ，まとめあげ，発信する能力を養えるのではないかと考えた。

3．実践までの道筋
　修学旅行前のコース別授業で，班ごとに取り組みたいテーマを決め，

旅行中にテーマに沿って取材をしてくるよう指導した。また，調査のために，本校のパソコンを置いてある部屋と図書室にはこの授業時間内には自由に出入りできるよう配慮した。参考図書をあらかじめ図書室に入れたり，公共の図書館から借り出したりもした。試作と試食を伴う場合もあるため，家庭科室を毎回使えるようにした。複数の場所で様々な形での取り組みがなされるため，他のコースは1コースにつき教員1名の配置であったが，本コースについては教員2名（ともに府教委に家庭科

表13　1999年度家庭科総合学習年間日程表

回	授業月日	内　　容
1	4月17日	全担当教員によるオリエンテーション
2	5月1日	コース紹介①　牛乳と日本人
3	5月15日	コース紹介②　アイヌの歴史
4	6月5日	コース紹介③　北海道の修学旅行を通して環境問題を考える
5	6月19日	コース紹介④　エネルギー問題と地球温暖化
6	7月3日	コース紹介⑤　北海道の文学と映画 コース紹介⑥　アイヌの彫刻
	この間、コース別希望調査と人数調整	
7	9月4日	この日からコース別に分かれてグループ学習①
	9/28〜10/3	修学旅行（道東方面）
8	10月16日	コース別学習②
9	10月30日	コース別学習③
10	11月6日	コース別学習④
11	11月20日	コース別学習⑤
12	12月4日	コース別学習⑥
13	1月15日	コース別学習⑦
14	1月29日	全体発表会
15	2月12日	まとめ（班ごとに学習成果をホームページ化）

・「北海道を食べよう」コースについては，講義形式のコース紹介はなくし，コース別学習からとした。
・授業形態は2クラス合同，7コース解体で，2時間連続授業。土曜日で行事のない日に組まれているため，飛び飛びの授業である。

3.高等学校からの提案

の教科外教科免許の申請をした国語科教員）の配置とした。
　さらに，本コース選択者全員が，北海道に関係の深い内容で講義と調理実習を交えた講習を受けられるよう，企画を練った。本コースに特別の予算はつかないため，牛乳と乳製品の普及を目的とする団体（日本乳業協会）にあたり，無料で講習を受けることとした。
　予算については，第2学年全体として，図書や最終の発表会に必要なものはある程度購入できる，という程度のものであったので，班ごとの試作と試食にかかわる費用はすべて生徒個人の負担であった。

4.「北海道を食べよう」コースの指導計画
　第1回　　班分けとテーマ設定
　第2回　　修学旅行後の中間報告
　第3回　　班別での調査・試作と試食①
　第4回　　コース全体での牛乳クッキング
　第5回　　班別での調査・試作と試食②
　第6回　　班別での作業と教員による指導
　第7回　　発表に向けての準備作業
　指導上で特に以下のようなことに留意した。
・生徒たちの自主性を重んじる一方で，レシピを探し調理して食べるだけで終わらないよう，アドバイスや問題提起をする。
・調理の際には，調理を安全に手際よく終えることのみならず，生ごみを減らすこと，洗剤の使い方と食器を洗う順序など，環境への配慮についても注意を喚起する。
・毎回，簡単なレポートを課して，各時間の学習内容を確認しつつ次へと進めていく。

5.「北海道を食べよう」コースの授業の実際
[第1回]　簡単なガイダンスの後，1班あたり3～4人，計5～6班になるよう班分けを行い，各班ごとに取り組みたいテーマについて話し合いを持った。その結果，次の5つのテーマが設定され，このあと実

施される修学旅行で，各テーマに沿った取材をしてくることを確認した。
　・アイヌの民族料理　・北海道の郷土料理　・北海道の酪農品
　・北海道の海産物　・北海道の農産物

［第2回］　中間発表として，修学旅行中に取材してきたことを班ごとに報告した。アイヌコタンで食べたイモシトや，鮭とイクラ，牛乳とチーズ，ジャガイモなどがあがっていた。

［第3回から第7回（第4回を除く）］　各班ごとに，インターネットや図書などでレシピを調べたり，試作と試食を行ったり，食材や調理法に関する様々な問題を追求したりした。しかし，ともすれば，作って食べて満足してしまいがちなので，調理の途中にもできるだけ，食材の裏にひそんでいる問題点にも目を向けるようアドバイスをするようにした。その結果，アイヌ民族博物館の学芸員の方とメールをやり取りしたり，種菌で牛乳を発酵させてヨーグルトを作ってみたり，くわしいレシピのわからないまま郷土料理やアイヌ料理に挑戦してみたり，インターネットで様々なチーズやジャガイモの種類を調べたり，鮭の栄養素についてビデオを見たり，漁業問題や牛乳に含まれるダイオキシンについて調べたりと，多彩な活動が行われた。また，発表に向けては，レシピ紹介に終わることなく，この学習を通じて発見したこと・伝えたいことを明確に出すよう指示した。

［第4回］　日本乳業協会の講師2名を迎えて，牛乳クッキング講習会を実施した。牛乳，乳製品についての基礎的な知識の学習のあと，調理実習を行った。メニューは，事前に講師の方と十分打ち合わせ，純正生クリームからのバター作り，牛乳にレモン汁を加えてのカッテージチーズとホエーの分離という体験と，それを利用したチーズフォンデュ，カッテージチーズ入りグリーンサラダ，ホエードリンクとした。

6．調理の授業

　各班で設定したテーマに沿って，多種多様なメニューの調理が行われたが，デザート系のメニューを試作する班が多かった。生徒の試作した

主なメニューを以下に列挙しておく。
- アイヌ民族料理
 イモシト（じゃがいもだんご），カボチャシト（かぼちゃだんご），チポロシト（すじこと米粉のだんごのあえ物），鹿肉丼，鮭のオハウ（さけの身や頭と野菜を入れた汁物），ラタシケプ（木の実・豆類・野菜などを汁気がなくなるまで炊いた煮物）

図10　班ごとに調理に取り組む

- 北海道郷土料理
 ジンギスカン料理，鮭のちゃんちゃん焼き，石狩なべ，三平汁
- 酪農品を使った料理
 なすとヨーグルトのサラダ，レアチーズケーキ，チーズケーキ，カッテージチーズ入りレアチーズケーキ，バナナケーキ，牛乳・低脂肪乳・無脂肪乳を使った3種類の牛乳ゼリー
- 海産物を使った料理
 鮭のムニエル，鮭と豆腐のフレーク，鮭のつみれ汁，鮭とほうれんそうのグラタン
- 農産物を使った料理
 じゃがいものニョッキ，じゃがいもとかぼちゃのスープ，馬鈴薯シフォンケーキ，パンプキンパイ，レモンパイ，とうもろこしのピラフ，かぼちゃのチーズケーキ，ブルーベリーソフトクッキー

7．学習の成果や反応

　生徒にはおおむね好評であった。自ら選んだテーマについて，自分の手で調べ上げ，驚きと発見に出会うことも多く，その上調理を楽しみ（男女を問わず，また男子生徒ばかりの班でも嬉々としてデザート作りに励んでいた），試食もできるというのだから，これがおもしろくないはずがない。生徒はおのおの多くのものを得たに違いないと思われる。

生徒の感想を紹介する。この「北海道を食べよう」の企画に生徒たちがどう取り組み，どのような手ごたえを感じたかがうかがえるだろう。

・アイヌ民族料理班・男子

> 　初めのうちは，アイヌのことをどのように調べていいのかがわからなかったので，少しとまどった。しかし，先生に教えていただいたアイヌ民族博物館の学芸員の方とのメールにより，少しずつアイヌの食文化のことがわかってきました。疑問に思ったことをメールで送り返してくれたので，とてもためになりました。また本2冊を使ってレシピを知り，アイヌの人の生活を知りました。料理を作ったものは3種類で，初めに作ったのがラタシケプでした。この料理には，聞いたこともないような材料があったので，少しうまくはいかなかったのですが，用意できるものだけで作ったにしてはおいしかったと思います。また，イモシト・カボチャシトを作りました。これは調味料がなくびっくりしたのですが，アイヌ料理のほうが素材の味を生かしていて，とてもおいしかったと思います。発表は，ＯＨＰなどの利用でもっとわかりやすくすればよかったと思いました。アイヌの人のことをよく知れたのでよかったと思う。

　この生徒は，ラタシケプに使う豆を，乾燥した状態のまま持ってきた。それを2時間の授業の間に水に浸し，やわらかくなるまで煮て，料理に使うつもりであったのだが，2時間が終わろうとするころにようやく少しやわらかくなってきた，という程度にしか煮上がらず，予定どおりに使うことができなかった。乾物はもどすのに時間がかかるということをこの失敗から学んだのである。また，調味料を加えずに素材の味を生かして食べる，そのおいしさに気づいたのも彼にとっての発見であった。資料が少ないことに悩みながらも，アイヌの味の再現を試み，アイヌ料理のよさを少しは理解したといえよう。

8．今後の課題

　生徒たちには好評であったが，彼らが低いレベルで満足しているのではないか，多くの時間を費やしたのに，これだけのことしか学習できな

かったのか，という思いがある。95年以来調理分野でかかわってきたが，こちらがレシピを用意した場合は，そこに調理技術以外の多くの学習事項（たとえば，環境問題・添加物・ポストハーベスト，発酵のしくみ，強力粉と薄力粉の違いなど）を効率よく盛り込み，話題にしてきたつもりである。それに比べて，自ら情報を集め，話し合うことは大切ではあるが，それに時間をかけすぎたり，自分の食べたいメニューばかりに目がいったりして，広がりと深まりに乏しかったのではないかと思えてならない。また，集めた情報もインターネットからの引用や孫引きが多く，自らの足で苦労して集めた一次情報が少なかったのが残念である。さらには，食材についての知識や関心，調理の技能といった裏づけがなくては，課題の設定やそこからの発展がむずかしいという問題点もある。

　よくしくまれ，よく組織された，しかも生徒が自らの力で学び取ることのできる総合的な学習のあり方を探り続ける必要がある。

第3章
調理の指導と学習の展開

◆◆◆◆◆

　家庭で調理を行う場合と，調理実習として学校で集団で調理を行う場合とでは，管理・運営の面において大きな隔たりがある。調理が得意であれば，調理の指導ができるとはかぎらない。何よりも，衛生面と安全面への配慮が必要であるし，学習を成立させるための環境や手だてを整える必要もある。

　本章では，家庭科であれ総合的な学習であれ，調理の指導に必要な基礎知識を提示している。最初に，設備や備品について述べている。次に，調理操作という考え方について解説し，家庭科との関連を考慮するため，家庭科の小学校から高等学校までの指導内容をまとめている。最後に，総合的な学習に活用できる課題解決的な展開の家庭科の実践例を紹介している。これらの実践は，調理技術の定着を目的としており，総合的な学習との相違を見ることもできる。

1．調理に必要な設備と備品

（1） 衛生的な管理

　中学校，高等学校では，調理実習室と被服実習室が別々になっているが，小学校の場合，多くは家庭科室という一つの特別教室で調理実習も被服実習も行っている。また，生活科や「総合的な学習の時間」で家庭科室を使用することも多くなり，その衛生面での管理には今まで以上に注意が必要となる。

① 実習室

　実習室を衛生的に管理するには，計画的な整備と定期的な点検が必要である。日々の使用の中では以下の点に気をつけ，衛生的な状態を維持していきたい。

　床　　外からの汚れを室内に入れないために，靴は履きかえたほうがよい。小学校の場合は，スリッパでは危ないので，足に合った上靴を使用するのがよい。

　実習中に水など液体をこぼした場合は，滑る危険があるのですぐにふき取る。固形物を落とした場合も，踏みつけて汚れを広がらせないためにもすぐに取り除く。その際には，床ふき専用のモップやぞうきんを使用し，作業の後にはきちんと手洗いをしてから調理にもどる（古い衣類を小さくカットした使い捨てぞうきんや古新聞を用意しておくのもよい）。

　実習後は，水を流すことが可能な床の場合は水洗いをして，その後しっかり水切りをしておく。水が流せない床は，ごみをはき集め，ぞうきんで水ぶきする。また，油引きをしてある床でも，汚れが残らないようにていねいに掃除をする。

　窓（換気・採光）　　実習室の温度や湿度を調節するために窓を開閉することが必要である。窓を開ける場合は，虫の飛来を防ぐことができるように網戸を活用する。換気扇も併用しながら，温度や湿度の管理に

気をつける。

　安全に，衛生的に調理をするために，照明器具にも気を配り適切な明るさを得るようにする。逆に直接日ざしが入らないように，カーテンやルーバー，ブラインドなども使用する。カーテンが風ではためいて，予期せぬ事故を起こさないように気をつける。

　実習台　　被服実習と兼用の実習台の場合，調理実習で使用するときはまず清潔な状態にしてから使用する。洗剤液を浸した台ふきで，テーブル上面や側面をふく，逆性石けんやアルコールスプレーを使用するなど，実習台の状態や季節に合わせて，効果的な方法をとる。

　実習後は，こんろ台の下や周りの汚れも見落とさずに掃除をする。シンクにふたをするタイプの実習台では，排水パイプの中まで乾燥するように，すぐにはふたをしない。

　冷蔵庫　　食品を衛生的に保存するためには，常に庫内も清潔にしておかなければならない。実習後は，廃棄すべきものまで入れっぱなしにせず，必ず食品の整理をする。

　ごみ　　調理実習で出たごみは，必ずその日のうちに処理をする。水分を含んだごみは腐敗もはやい。シンクの中に三角コーナーを置くと，乾いているごみまでぬれてしまう。新聞の折り込み広告で作った箱をテーブルの上に置いてごみを入れたり，野菜くずなどはコンポストで処理をしたりと，今後は実習の中でも環境への影響を配慮したごみの処理が必要である。

図1　三角コーナーに代わるごみ入れ　　　図2　コンポスト

② 調理用具

　調理用具についても，家庭で毎日使用する場合とちがい，長期間使用せずに保管されていることもある。これらの用具を管理する基本は，汚れをきちんと落とすことと，しっかり乾燥させることである。

　まな板　小学校の家庭科の調理実習では生の肉や魚を扱うことはないので，食品によってまな板を使い分ける場面はないが，中学校，高等学校ではその必要が出てくる（小学校の「総合的な学習の時間」に様々な調理の活動が取り入れられるであろうが，その際には指導者が生の魚や肉を扱うようにする）。

　まな板の素材によって，取り扱い方が大きく変わることはない。使用前にはぬらす，使用後にはしっかりたわしでこすって洗い，乾燥させる。乾燥には天日が殺菌作用もあり，効果的である。また，熱湯消毒や漂白剤を使用して殺菌漂白をしてもよい。

　包　丁　包丁は特に柄の部分が不衛生になりやすい。使用後は刃の汚れを落とすために洗ってはいるが，柄も同様にしっかり洗うことが少ない。柄は乾きにくく，雑菌が繁殖しやすい。特に生の魚や肉を扱った後は，洗剤で柄の部分まできちんと洗うように指導したい。

　保管には，まな板と包丁の殺菌保管箱が市販されている。このような備品がなくても，包丁もまな板同様の消毒，殺菌方法をとり，衛生的に，かつ安全に扱うことが大切である。保管は鍵のかかる場所で，常に本数を確認して行う。

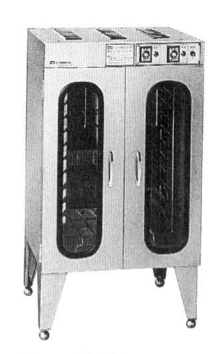

図3　殺菌保管箱

図4　実習後はすぐにしまわず，しっかり乾燥

ざる・ボール　どちらもステンレス製が扱いやすい。プラスチック製も多く市販されており，カラフルで楽しい雰囲気を作り出すが，衛生面や安全面からはいくつか問題点がある。ひとつは，傷がつきやすいことである。傷がつくと，汚れが落としにくくなり，細菌が繁殖しやすい。次に，プラスチック類が熱に弱いことによって，実習中の取り扱い方に注意が必要となる。不注意に熱源の側に置いたり，熱いものを入れたりすると，やけどにつながる。また，成分が溶け出し，食品にまざることも考えられる。耐久性の点からも，不要になったときの処分の点からもステンレス製がよい。

ほうろう製のボールは熱には強く丈夫であるが，衝撃に弱く，ほうろうが欠けるとそこからさびが出る。重さもあり，いくつも重ねて収納している家庭科室には向かない。

ざるには竹製品もあるが，使用後はしっかり乾燥させることが必要である。

ざるは，どの素材でも編み目に食品が絡まりやすく，ていねいにこすり，洗い流さないと取れない。ざるがぬれているときは気づきにくいので，その点を意識して洗うように指導する。

なべ，フライパン　使った後は，きっちり洗う。こげつきの汚れは，目につきやすく，しっかり落とそうとするが，なべの周囲にこびりついている汚れは，案外見落としがちである。そのまま片づけると，かびの原因になる。また，木製の柄もきちんと乾燥させなければいけない。

その他　さいばし，すりこぎなど木製品は，しっかり乾燥させることが基本である。

衛生面で注意しなければならないものは，これらの用具を洗うたわしやスポンジである。

表1　家庭用台所用品の細菌汚染

用具名	一般生菌数
まな板	1,000～10,000（1cmあたり）
包丁	10～1,000,000（〃）
ふきん	1,000～100,000,000（〃）
スポンジ	100,000,000～10,000,000,000（1個あたり）
たわし	100,000,000～10,000,000,000（〃）
おしぼり	1,000～10,000,000（〃）

家庭台所用具の細菌汚染
（枡田ら，日本家政学会第21回総会研究発表，1969）
（藤井徹也『洗剤　その科学と実際』1991，幸書房）

1．調理に必要な設備と備品

スポンジ1個に1億以上の細菌がついている。

　最近は様々な汚れ落としの道具が発売されている。中には抗菌作用があることをうたっているものもある。洗剤の除菌効果も付加価値になっている。しかしそれらの合成洗剤に頼らなくても，使用後きちんと洗い，しっかり水分を絞り，日光の当たるところで乾燥させることで，効果はある。また，学校の調理実習で使用するスポンジなどは，学期ごとに新しいものにかえるほうがよい。

(2) 用具の準備

① 熱　源

　一般に，学校の調理実習の熱源としては，都市ガス，プロパンガス，電気などがある。それらの特徴を下表に示す。いずれの場合でも，換気に心がけ，不完全燃焼を起こさないように気をつける。

　また，バーナーにふきこぼしなどが付着していないか確かめ，きちんと手入れをしておく。

表2　主な熱源と用途

種　類	性　質　と　特　徴		用　途
天然ガス	導管により供給され，空気よりも軽い。	・漏れると引火や爆発のおそれがある。 ・火加減の調節がしやすい。 ・都市ガスにも空気より重いものがある。 ・酸素を必要とし炭酸ガスなどが出る。	業務用
石油・石炭系ガス	導管により供給され，空気よりも軽い。一酸化炭素を含むものがあるので，もれると中毒のおそれがある。		一般家庭用
液化石油ガス	空気よりも重い。もれると部屋の下のほうにたまる。ボンベに入れて持ち運びができる。		導管での供給がしにくい地域の一般家庭用，行商用
電気	取り扱いが簡単。排ガスが出ない。価格が比較的高い。		高層ビル，高齢者住宅，一般家庭用
炭	点火，消火，火加減がしにくい。酸素を必要とし，排ガスが出る。		業務用アウトドア用
固形燃料	火加減がしにくいが，持ち運びが簡単。用途に合わせて選択できる。		非常用アウトドア用

② 裁断や粉砕の用具

　包　丁　切れ味の落ちたものを使うと，よけい力が入り，手元が少しくるっても大きなけがになる可能性がある。むりな力を入れなくても

すっと切れるものがよい。

材質は手入れのことを考えると，ステンレス製がよい。セラミック製もさびの心配がなく，扱いやすい。

刃渡りは，にぎりこぶし2つ分くらい。小学生には，ペティナイフを用意するのもよい。

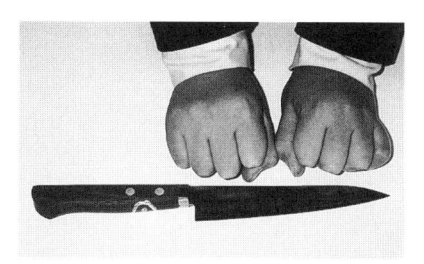

図5　子どもの手に合った包丁

全員が同時に1本ずつ使える数を用意できればよいが，少なくとも，2人に1本の割合で用意したい。

料理ばさみ　調理に関する基礎的な技能を身につける点から考えると，はさみを使って食材を切ることは少ないが，食品の袋の開封にも使う場面があることから，料理用のはさみを1本は用意しておきたい。

ピーラー　皮むきの技能が十分身についていないものにとっては，調理への抵抗感を弱めることができる，お助けグッズである。グループに2本用意しておくと，包丁と併用で作業を進めることができる。

便利な道具をうまく取り入れ，時間の短縮や精神的負担の軽減などを図り，調理の楽しさを味わうことができるようにしたい。

スピードカッター　多くの分量を扱うときには，材料の下ごしらえに活用できる。家庭科室に1台，あれば便利である。

ミキサー　家庭科の学習だけでなく，生活科や総合的な学習でも利用されることが多い。しかしあくまでも調理器具であり，食品を粉砕，かくはんするために使用することを共通理解しておくことが必要である。

上記のスピードカッターやミキサーを使用後はすぐにプラグをコンセントから抜き，不注意で電源が入らないように気をつける。また，使用後の手入れをきちんとしておくことが大切である。取りはずせる部品はすべてはずして洗うようにしたい。

すり鉢　陶製で重さもあるので，扱いに注意をする。使用する頻度もあまり多くない。長期間収納したままであることも考えて，使用後は，

きちんと洗い，しっかり乾燥させる。

③ 加工の用具

な　べ　小学校では，基本を身につけること，一人一人の思いを生かすという観点から，実習も一人か二人の単位で行う。そのため，なべやフライパンもサイズは小さめで，数を多く用意しておきたい。

図6　なべの例

なべの場合は，14～15cmのミルクパン，20cmの両手なべの2種類をグループに2つずつほしい。これは先に述べたように，一人実習の形を取るためである。

中学校，高等学校では，何種類かの調理をグループで行うので，必要な種類のなべをグループに一つずつでよい。

材質は，ステンレスがよい。ほうろうは，炒めものができない点と衝撃に弱い点から，家庭科室では扱いにくい。アルミのなべは，軽いのが利点であるが，酸や塩分には強くないので，新しく購入するときはステンレスを選ぶ。

時間の短縮や大量調理で，大きななべが必要になることもある。また，学校行事や総合的な学習の取り組みも視野に入れ，大きさや数量を考える。収納場所の問題があるが，新しく購入するときは小さめのサイズを選び，従来使用していたなべも廃棄せずにおくのがよい。

フライパン　鉄製のものと樹脂加工してあるものがある。樹脂加工のものは，こげつかずきれいに調理できるが，傷をつけないように注意が必要。鉄製はこげついたら，金属たわしを使って洗うこともできるが，さびがでないようにしっかり乾燥させる。

大きさは，炒めものには直径22cmくらいが適当。あまり大きすぎると，小学生には重く，扱いにくい。また，直径15cmくらいのものがあれば，一人実習によい。数は，大小合わせてこんろの数だけほしい。

中華なべや卵焼き器を使用して一人前の調理をすることは少ない。これはグループ分の数でよいだろう。

ホットプレート　小学校では，炎が出ない，温度の管理ができるなどの点から家庭科以外の学習で使用頻度が高い。しかし最近のホットプレートは消費電力量が大きくなっているので，一度に何台も使うとブレーカが落ちることがある。たくさんホットプレートがあっても，家庭科室で使えない事態が起こることもある。

　まずは，家庭科室の電気の容量と電気製品の消費電力をきちんとつかみ，うまくコンセントを使い分けるなどの使い方を知る必要がある。次にあげる電子オーブンレンジやオーブントースターも同様に，どのコンセントから電気を取るのかがだれにでもわかるような図を準備しておけばよいだろう。

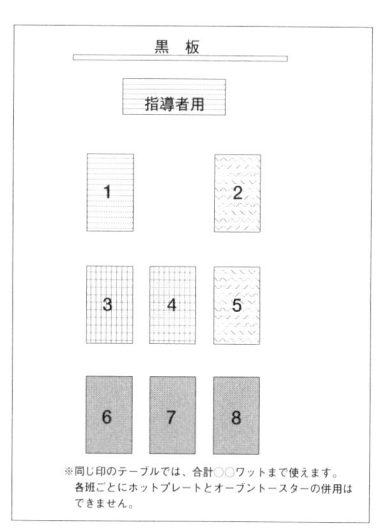

図7　電源の使い分け

オーブントースター　この器具も，炎が出ず手軽に加熱できる点から，小学校低学年でもよく使う。難点は，加熱後は周りも熱くなっているのでやけどをしやすいこと，庫内の掃除がしにくいことである。使用に際しては，断熱性の高いなべつかみを用意したり，指導者が食品を出し入れするなどの配慮をする。また，使用後の手入れのしかたをきちんと指導することも必要である。

電子（ガス）オーブンレンジ　中学，高等学校ではオーブン機能を使う調理があるので，グループに1台必要であるが，小学校でも家庭科室に1台あれば，いろいろと活用できる。

　調理実習の中に電子レンジの使用を取り入れている例は多くないが，日常生活の中では広く使われている。そのことを考えると，安全な使い方，便利な使い方などを家庭科学習に取り入れていく必要がある。

電磁調理器　まだ学校の設備としては一般的ではないが，家庭には広がっている。ガス漏れ，引火などの安全面での心配がない。また，ガ

スこんろに比べて、手入れのしやすさには格段の差がある。
　ポータブルタイプのものは、カセットこんろに比べてかさが低く、扱いやすい。が、先にも述べたように家庭科室の電気の容量との関係もあり、この器具が一般的に使用されるようになるにはまだ時間がかかりそうである。

（3）空間の利用

① 調理室の様子

[調理実習室]

　中学校、高等学校では、被服実習室と調理実習室が区別されている。一般的な調理実習室の間取り図を図9に示す。この調理室の場合、それぞれ調理台、ガスこんろ、オーブン、流し台、試食台が一つのユニットとして構成され、実習室内に配置されている。4～5人のグループでの実習では、自分たちのテーブルまわりで作業ができ、他のグループと混雑することがない。

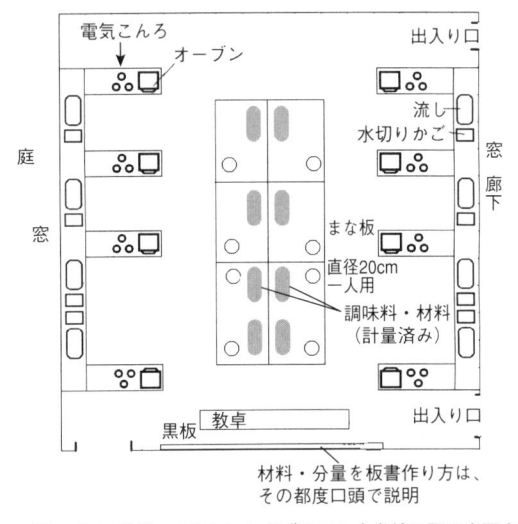

図8　シンガポールのセントガブリエル中学校の調理実習室

　上は、シンガポールのセントガブリエル中学校の例である。実習室の両側に水、熱源を配し、中央で調理をする。熱源は電気で、2人一組で実習をする。実習助手がつき、必要な材料や調味料は調理台に計量済みで準備されている。生徒は、段階ごとに先生から説明を受け調理をする。調理台で作業をしたり材料をこんろに運んだりする際に、生徒の動線が重なることがあるが、おおむねゆったりと実習できている。

[被服・調理実習室兼用]

　小学校は、ほとんどが兼用の実習室である。そのため座ったときにテ

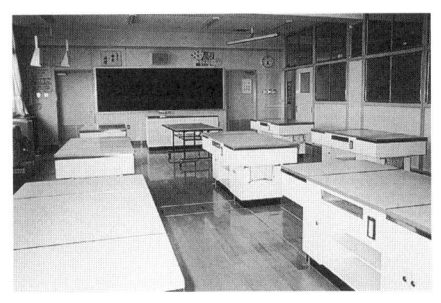

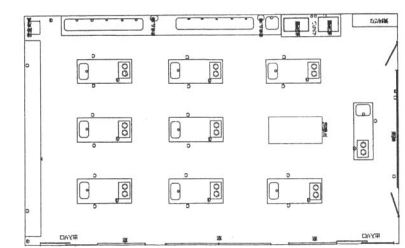

図9 実習室の例

ーブルが高すぎないように，いすの高さに気をつけたい。また，被服実習のときの糸くずや針，消しゴムのかすなどがシンクやこんろのふたのすきまに入りやすく，安全面での注意が必要である。

　上図のような実習室の場合，教室の後ろまで声や視線が届きにくい。そこで時には，壁面や移動黒板なども活用して指導者が教室のいろいろな場所に立つ，ということも考えてはどうだろう。

② **用具の収納**

[グループ収納と種類別収納]

　家庭科室の備品には，洗濯機，冷蔵庫から，針，糸，スプーン，はし置きなど大小様々なものがある。これらを使いやすくわかりやすく収納する必要がある。

　一般には，衣食住に分けて種類別に収納しているが，実習中に用具を取り出す場合，同じ箇所に人間が集中することが多く，混雑して危ない。また，使用後の収納の際，いいかげんになりやすい。

図10　グループ収納　　　　図11　種類別収納

1．調理に必要な設備と備品　　85

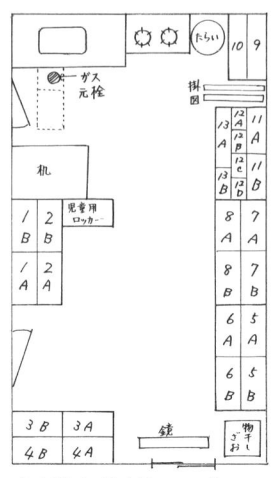

図12　家庭科室ガイドマップ

　そこで，これらの問題を解決するために，調理用具などはグループ別に収納するという方法がある。こうすることにより，収納庫前の混雑が分散でき，また，後かたづけの責任がはっきりする。安全面での管理がしやすくなる。

　一方，実習室や準備室のどこに何があるのかを，だれにでもわかるようにしておくことも必要である。上図のような図と一覧表を作成し，わかりやすいところに掲示しておくとよい。備品の点検，補充の際にも活用できる。

③　壁面の利用

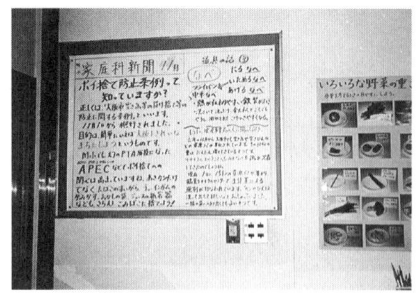

図13　壁面の利用例（1）　　　　図14　壁面の利用例（2）

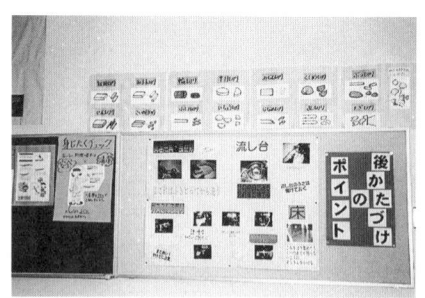

学習意欲を持つ，課題意識を高める，参考になる情報を提供するなど，壁面の掲示物により学習効果を高めることができる。

　常時掲示をしておくもの（家庭科室での約束・学習のめあて・学習計画など），学習内容に合わせて掲示するもの（調理

図15　調べ学習コーナー

するときの注意・ミシンの使い方・照明器具の種類と特徴など），定期的に掲示するもの（家庭科新聞・家庭科便りなど）と，1年間の壁面利用の計画を立てると準備がしやすい。

④ 学習コーナー

　家庭科でも，課題解決の過程で"調べる"時間は多い。教室の一角を"調べ学習コーナー"として，関連図書を集めておくと便利である。可能であれば，インターネット接続されたコンピュータがあれば，調べる活動はさらに広がる。

　すぐに調べることができる環境があるということは，自分で解決していこうという姿勢を育てることにつながる。

⑤ 移動黒板・簡易掲示版・掲示用ネット

　壁面が食器だなやロッカーで占められて，掲示用のスペースがない場合などは，移動黒板や，段ボール，薄いベニヤ板，発泡スチロール板などを簡易掲示板として利用する方法がある。写真下右は食器だなの前に段ボール板を立てかけてある。軽いので設置・撤去が簡単で，他学年が

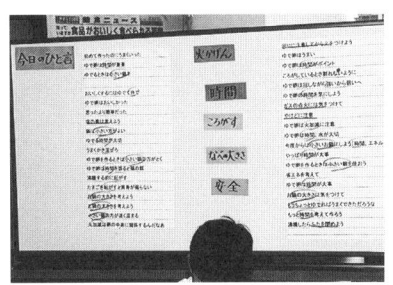

図16　移動黒板

図17　簡易掲示板

1．調理に必要な設備と備品　　87

食領域の学習をしていても支障はない。

また，1m幅くらいのナイロンネットを使い作品をつり下げる方法もある。それぞれのスペースに合った方法で，有効に壁面も利用したい。

（4） 集団を生かす

① 個人の責任と助け合い

[一人実習とグループ実習]

日常生活においては一人で調理することが多い。一方，家庭科の実習では，グループ単位で行うことが多い。それは，時間的制約，調理場や調理器具などの物的制約があるためである。

図18　グループ実習風景

小学校の段階では調理に関する基礎的な技能を確実に身につけるためにも，準備や後かたづけの作業も含めて，できるだけ一人実習を取り入れたい。とにかく自分で経験することが，技能の習得につながるからである。また，何度か経験するうちに自信もついてくる。そうなると，「家でもやってみたいな」と家庭での実践へ広がっていく。

一人実習を経験し，調理のプロセスをつかんだ後でグループ実習を経験すると，作業を分担する便利さや友だちのよさに気づくことができる。グループで効率的に調理を進めるためには，調理の手順をきちんとつかむことが大切であるが，グループ実習しか経験のない場合はその点が十分つかみきれない。洗いものばかりしていたら料理ができ上がったということが往々にしてある。作業の分担のしかたは，事前にきっちりと指導し，分担するよさが感じられるようにしたい。また，グループでの実習では，友だちの作業を間近で見る機会が多く，自分の方法と比べてみることができる。教えたり，教えられたりと，お互いの得意な面も認め合えるメリットがある。

② 交流活動

学習の対象として，個人レベルの生活も取り上げる家庭科はお互いの

家庭生活を認め合う場という大事な役割も果たしている。もちろん，個々の家庭環境に対する配慮や個人情報の保護などには気をつけなければいけない。しかし，様々な家庭があることを知り，その暮らし方も一様ではないという事実に気づくこと，そして，お互いがよりよい暮らしを作っていこうとしていることを認め合う経験を積んでいくことが，自分が家族の一員であることを再認識し，共に生きていく社会の一員であるという自覚を育てることになる。

　例えば，家庭科の『朝ご飯を作ろう』という題材で考えてみよう。簡単な調理のしかたを身につけ，自分で朝ご飯を用意できることがねらいである。まず，自分の家ではどんな朝ご飯を食べているのかを調べて発表し合う。また，その朝ご飯はだれがいつ用意するのかも，比べることができる。それぞれの実態を比べる中で，朝ご飯のちがいが単に家族の好みによるものではないことに気がつく。朝ご飯が用意できない，用意してあっても食べられない，そんな場合もある。家族の生活時間も関係してくる。

　このように，我が家の朝ご飯にも様々な要素がからみ合っていること，友だちの家庭にはその家の"朝ご飯"があること，自分で朝ご飯を作るためには，メニューや作り方だけではなく，解決しなければいけない問題はほかにもあることなどがわかる。このことを踏まえた上で，自分はどんな朝ご飯を作りたいのかを考えて取り組むと，調理実習での活動がより主体的になる。実習の中でも，「自分の家のフライパンは大きいから一度に3人分できるな」「前の日に残ったみそ汁に，わかめを足せばいいな」「〇〇さんの家のように，ホットプレートを使ってみよう」「こうして用意をしておくと，時間のむだが少ないな」など，実際に自分の家で作るときに役立つことを見つけていく。

　このほか，授業の中に交流の場面を取り入れることで，"我が家では当たり前"であることが，その家や地域に継承されている独特の味つけであったり食べ方であったりすることに気づくことができる。これからは広く世界に目を向けて，互いのちがいに気づき，よさを認め合うことが必要であるが，食生活を通してそのことを学んでいくことができる。

2．調理の基本と指導内容

（1）調理操作の構造

　多くの料理の特徴は，調理操作の構造から知ることができる。また，調理技術の習得にあたって具体的な課題となるのが調理操作である。調理操作とは，調理技術を構成する細かい作業工程のことで，調理操作に分解することで，複雑な調理技術を分類したり，整理したりすることができる。調理の分類については，料理の特性によって，主菜や副菜に分ける方法，主な調理操作に着目して，蒸し物や揚げ物などに分ける方法がある。素材で分類する方法もある。島田ら（1988）は，調理操作の段階と科学性によって分類を行っており，「副次的調理操作」と「本調理操作（生ものの調理操作・加熱調理操作）」「仕上げ操作」「調味操作」に分類している。このように調理を構造的にとらえることは，教育の立場からいえば，授業計画や学習評価を考える上で非常に役立つといえる。

　平成8年から平成11年までに出版された小学校，中学校，高等学校の全ての教科書に記載されていた調理を分析した結果，基本的な調理操作の流れは，①洗浄，②計量，③下準備，④本調理，⑤調味，⑥盛りつけ，⑦配膳の7段階と考えることができる。しかし，素材やその状態，料理の特徴によって，それぞれの段階で違った方法の操作が行われることもある。さらに③④⑤の段階では，操作工程が追加されて複数になるものもある。

　さらに，基礎的な手順の分類によって，10種類の類型を作ることができた。表3に示すように，1.炊き物，2.揚げ物，3.炒め物・いり物，4.焼き物，5.蒸し物，6.ゆで物・浸し物，7.煮物，8.汁物，9.酢の物・あえ物，10.寄せ物である。表の類型以外には，材料をまぜ合わせて混成するもの，生地やタネを作って加熱するものなどもある。

　次に，代表的な調理法の調理操作の特性を「基礎手順」として図19のように表してみた。図中の「基礎手順」は，基本となる調理操作の流れを示し，付加手順は，料理によって付加される操作である。

表3　類型別調理の代表例

類型		特徴	小学校の例	中学校の例	高等学校の例
1.炊くもの		炊飯が主な調理操作となるもの	ごはん・おにぎり	炊き込みご飯・五目ずし・ピラフ	シーフードピラフ・全がゆ・中華おこわ・赤飯・青豆飯
2.揚げるもの		油で揚げる			天ぷら・小あじの南蛮漬け
3.炒めるもの・いるもの		油を加えて加熱後、調味するもの	青菜の油炒め・焼きちくわの油炒め・じゃがいものバター炒め・いり卵	牛肉とピーマンの炒め物・青梗菜の海鮮炒め・さやいんげんのソテー	八宝菜・ベーコン巻き・酢豚・田作り・大根菜とちりめんじゃこのふりかけ
4.焼くもの	フライパン	焼く操作が中心となるもの	目玉焼き・お好み焼き・いり卵・オムレツ	ムニエル・ハンバーグ・クレープ	のり巻き卵・いわしの蒲焼き・チキンソテー・餃子・クレープ
	網			魚の照り焼き・塩焼き	
	天火			カップケーキ	キッシュ・ロールスポンジケーキ・松風焼き・ホイル焼き・マドレーヌ・マカロニグラタン・ピッツァ
5.蒸すもの	蒸し器	蒸して形をくずさず加熱するもの		蒸しケーキ	茶わん蒸し・シュウマイ・プリン・利休まんじゅう
	電子レンジ				田作り・シュウマイ・チキンロール・中華風おこわ・いちご大福
6.ゆでるもの・ゆでて浸すもの		ゆでた後、調味を行うもの	ゆで卵・白玉団子・粉ふきいも・ポテトサラダ・温野菜サラダ	うどん・冷麺・おひたし・青菜のごまあえ	さやいんげんの白あえ・手打ちうどん・ゆで豚・ほうれん草の磯辺焼き
7.煮るもの		加熱に用いた水をそのまま使って煮込むもの	じゃがいもの煮物	にんじんのバター煮・シチュー・煮魚	ひじきの煮つけ・さばのみそ煮・くりきんとん・ふろふき大根・かぼちゃの煮物・五目豆・にんじんの甘煮・とりのトマト煮
8.汁のもの		加熱に用いた水をそのまま使うもの	みそ汁	かき玉汁・豚汁・豆腐のすまし	摘み入れ汁・コーンスープ・団子汁パンプキンスープ・コンソメジュリエンヌ・栗米湯
9.生であえるもの		加熱せずに調味するもの	野菜サラダ・フルーツヨーグルト・ツナサラダ	きゅうりとわかめの酢の物・菊花かぶ	柿なます・おろしあえ・即席漬け・ごまあえ・コールスローサラダ
10.固めるもの		寒天やゼラチンで凝固させるもの			ババロア・オレンジゼリー・ニュウナイ豆腐・パンナコッタ

例外もあるが，このプロセスが短いほど，簡単に作ることができるものである。初期の段階では，③④⑤の調理操作が一つだけのものを選び，発達とともに複数化させていくことが適切であると思われる。また，炊き物では，洗浄と計量の基礎手順が入れ替わる。このような，特異な例については，注意を促しておく必要がある。

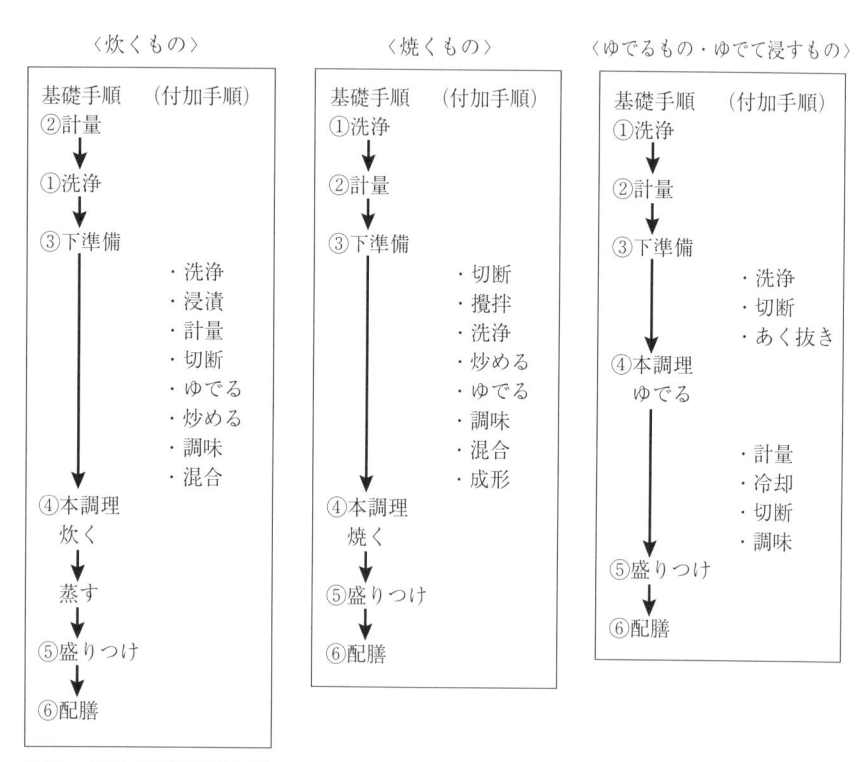

〈炊くもの〉

基礎手順　（付加手順）
②計量
↓
①洗浄
↓
③下準備
・洗浄
・浸漬
・計量
・切断
・ゆでる
・炒める
・調味
・混合
↓
④本調理
炊く
蒸す
↓
⑤盛りつけ
↓
⑥配膳

〈焼くもの〉

基礎手順　（付加手順）
①洗浄
↓
②計量
↓
③下準備
・切断
・攪拌
・洗浄
・炒める
・ゆでる
・調味
・混合
・成形
↓
④本調理
焼く
↓
⑤盛りつけ
↓
⑥配膳

〈ゆでるもの・ゆでて浸すもの〉

基礎手順　（付加手順）
①洗浄
↓
②計量
↓
③下準備
・洗浄
・切断
・あく抜き
↓
④本調理
ゆでる
・計量
・冷却
・切断
・調味
↓
⑤盛りつけ
↓
⑥配膳

図19　調理の基礎手順の例

（2）代表的な調理とその指導

次にこの10の類型の調理法について詳しく見ていくことにする。調理の特徴と家庭科でどのように指導されているかを紹介しておく。

① 炊くもの

ごはん，たきこみ飯，すしなどのように，米を洗い，水に浸して吸水させた後加えた水とともに加熱するという一連の調理操作が中心となる

料理である。液体に浸した中で加熱する点が煮物と似ているが、炊き物は加える液体の量が決まっているため、水の量の調節や火かげんが重要である。

　小学校では米の洗い方、炊き水のかげん、浸水時間を調べることにより、手早く洗ったり米飯が固くならないように十分吸水させる必要があることを学習し、炊飯の基礎を身につける。なお、炊飯のしくみを理解させることをねらいとしているため、自動炊飯器による炊飯は対象としていない。

　中学校では、小学校での学習による基本的な炊飯の学習を定着させ、さらに、たきこみご飯や五目ずしなどの「変わり飯」に適した水かげん、具の分量や切り方、調味料を加えるタイミングや加熱時の注意などの技術の習得を加え、炊飯技術の定着をめざすとよいだろう。

　高等学校では、炊飯の学習が中学校の段階でほぼ完了しているため、炊飯技術がさらに定着することをめざす。また、今までの学習をいかしてもち米の炊飯や、かゆ等の変わり炊きに挑戦するとよい。

② 揚げるもの

　天ぷらや南蛮漬けのように、下準備した後に高温の油の中で加熱する調理操作が中心となる料理のグループである。小・中学校では扱われないため、生徒にとっては高等学校が初めて学習する機会になる。

　揚げ物の調理は油の温度変化ができ上がりのよしあしに大きく影響するため、揚げ始めの油の温度だけでなく、油の分量や一度に揚げる量、火かげん、揚げ時間の間隔にも配慮できるようにする。また、揚げ上がり時期のつかみ方も調理実習の中で体験的に習得できるようにする必要がある。家庭での揚げ物の調理経験が少ない学習者には、油に入れる前に材料の水気を取っておくように予め伝えておくなど、安全に十分配慮しなければならない。揚げ物の調理と関連して、使用済み油の処理方法にも目を向けさせる必要がある。

③ 炒めるもの、いるもの

　野菜炒めや八宝菜などのように、熱したなべやフライパンに少量の油を加えて材料を高温短時間で加熱する調理操作が中心となる料理のグル

ープが「炒め物」である。また，基本的には炒め物と同じであるが油を加えずに材料を加熱して水分を少なくするものが「いり物」となり，独特のこげ色や香ばしさを楽しめる。このグループはなべの熱が直接材料に伝わり非常にこげやすいため，加熱中，常にかきまぜることが特徴である。

　小学校では炒め物のみを扱い，「炒める」とはフライパンなどで油を使い，かきまぜながら加熱する調理操作であることを知り，調理の目的によって炒める時間や火力に違いがあることに気づくようにする。また，炒め物の風味のよさに気づき，例えば野菜いための場合は，水っぽくならないような工夫を考える。同時に，食べやすく，熱の通りをよくするための材料の切り方や，炒める順序だけでなく，フライパンの温めかげんや水をよく切ってからフライパンに入れることにも目を向けさせる。なお，後かたづけに際して，油汚れの処理のしかたや，水や洗剤の使い方にも目を向けさせるとよい。

　中学校では，小学校における炒め物の調理経験と中学校で学習するほかの調理法（焼き物，煮物など）との比較をもとに，加熱時間が短いことや，かくはんが必要なことが炒め物の特徴であるとわかるようにする。また，中学校では新たに魚や肉が扱われるようになる。そのため，たんぱく質が加熱によって変性・凝固し，固さや色，味，においが変化することに気づくようにする。また，特徴の異なる食品を合わせて炒めるための火かげんや，材料の切り方，下ゆで，炒める順序，適当ななべの大きさについても考え，技術のさらなる定着を目指す。なお，中学校では魚や肉の調理について，「炒め物」「焼き物」「煮物」等の加熱操作のうちいずれかを扱うこととされているため，中学校で魚や肉を使用した炒め物が取り上げられなかった場合は，高等学校で学習することになる。

　中学校で魚や肉を使用した炒め物を学習していた場合は，高等学校では小・中学校では扱われていないいり物を題材として取り上げ，独特の風味を引き出す工夫に目を向けさせてもよい。

④ 焼くもの
　加熱温度が高く，特にフライパンを使用した場合は炒め物と非常によ

く似ているが，焼き物では炒め物のようにかきまぜず，ときおり裏返す程度であることと，独特の焼き色とこげの風味を出すことが特徴である。使用する調理器具が多様であり，焼き魚など網を使用する場合は，網にくっつかないようにする工夫，クッキーやスポンジケーキなどオーブンを使用する場合は，段と焼け具合の関係など調理器具独自のポイントについて考える必要があるが，火かげんの調節が最も重要なことは共通している。

　本格的に学習するのは中学校からであり，まず，網等を使った直火焼きやフライパンやオーブンを使った間接焼きといった，それぞれに特徴を持つ焼き方があることを取り上げ，各々の調理器具の扱い方を知る。魚や肉が扱われるが，調理の際は加熱の程度と焼き具合を観察しながら，調理器具の温めかげんや火かげんの調節など加熱のしかたを考え，材料に応じたうま味を逃がさない焼き方があることを理解する。ただし，炒め物の項でも記したように，魚や肉を使用した焼き物が取り上げられなかった場合や扱われなかった調理器具があった場合は，高等学校において学習が補われることが望ましい。

⑤ **蒸すもの**

　下準備後に材料を水蒸気の中で加熱することが調理操作の中心である料理のグループであり，材料に応じた温度調節が重要になる。また，かくはんなどの調理操作がなく型くずれしないため，成形した後に蒸す料理が多いことも特徴である。

　小・中学校の学習指導要領には蒸し物の調理が特に取り上げられていないため，多くの子どもにとって，高等学校での学習が初めての機会になる。したがって，蒸し器の構造や基本的な使い方から説明する必要がある。また，プリンや茶わん蒸しなどでき上がりのよしあしがはっきりわかるものを取り上げ，蒸し上がりの状態などを観察しながら，適切な温度に調節するための工夫を考えさせることとなっている。

⑥ **ゆでるもの，ゆでて浸すもの等（加熱する）**

　液体の中で加熱するという点で煮物と似ているが，このグループは加熱時点での調味を目的とせず，加熱する際に使用した湯を利用しないこ

とが特徴である。非常にシンプルな調理操作であるため，失敗することが少なく初めての加熱操作の学習としてふさわしい。

　小学校では，ゆで物について湯の中に材料を入れ，柔らかくなったら取り出せばよいという調理操作であることを知り，各食品の火の通りやすさを調べて水からゆでるものと湯からゆでるもがあることに気づき，目的に応じたゆで方ができるようになることをめざす。また，ゆで時間とゆで具合だけでなく，水の量，なべの形状，火かげんにも目を向けさせたい。その際，ゆで物の第一歩として，視覚的情報で時間を判断できるもの（竹ぐしが通る，浮いてくるものなど）を扱うと児童が理解しやすいと思われる。また，食品のかさがが減り食べやすくおいしくなるというゆで物のよさに気づかせ，適度な濃さに味を整えられるようにする。ゆで汁を利用するという観点から，汁物や煮物の学習への橋渡しとして活用することができるのではないだろうか。

　中学校では，小学校での学習をさらに発展させ，部位によって固さの違う食品や，色をきれいに仕上げるゆで方，ゆで水を吸収する材料に対して水の量を変化させることなどができるようにする。また，あえ衣の種類や材料に合った割合，あえる材料にも相性があることを気づかせる。

　ゆで物の学習は中学校の段階でほぼ完了しているため，高等学校では様々な食品を取り上げ，食品に応じた加熱によるあく抜きができるようにする。

⑦ 汁のもの

　調理過程は前述の煮物に対して調味料をでき上がり直前に加えることしか変わらないが，みそ汁やスープなどのように，材料の持つうま味を煮汁へ引き出すことが調理操作の中心となる。また，煮物では具に主眼がおかれており煮汁が食されないことも多いが，汁物はあくまでも主眼が煮汁におかれている。そのため，材料からうま味をじょうずに引き出す方法（だしの取り方）を中心に考えていくことになる。

　小学校ではだしの取り方，実の切り方や入れ方，みその味や香りをそこなわない扱い方などを調べ，基礎的な汁物の調理ができるようにする。また，味見をして味の濃さを整えられるようにする。なお，ゆで汁を利

用して，ゆで汁に味をつけて材料とともに食べることができるという発想から，ゆで物の応用と位置づけると児童に理解されやすいのではないだろうか。

中学校では，材料の持ち味を十分に引き出す調理技術の定着を目指す。まだ扱ったことのない食品を使用してだしを取ってみたり，実から十分だしが出ることを利用した，わざわざだしを取る必要のない汁物を扱うとよい。

高等学校では，洋風や中華風スープストックなど，複数の材料を長時間煮込むだしの取り方を扱い，だしの臭みを消したり風味を引き立てる食品の活用方法などを知る。また，だしと実をかくはんして液状にするようなポタージュスープを取り上げてもよい。

⑧ 煮るもの

煮魚やおでんのように，調味料を加えた煮汁の中で加熱することが中心となる料理のグループであり，シチューは煮物と次に述べる汁物との中間にあたる料理である。

小学校学習指導要領に煮物の学習は取り上げられていないが，ゆで物の学習の際に，ゆで汁を捨てずに調味料を加えれば煮物になるという発想からゆで物の応用として煮物を紹介すると，中学校での学習に入りやすい。

本格的な学習は中学校からとなる。魚や肉，野菜など多様な食品を扱い，材料の種類や切り方などによって煮方が異なること，調味のしかたが煮汁の量によって異なることを取り上げる。煮物は一定の温度に保ちやすく，長時間加熱するため，加熱具合にムラができにくい比較的容易な調理操作といえるが，長時間加熱による煮つまりやこげつきを防止するためには，火かげんの調節が欠かせない大切なポイントであることを理解させる。また，食べやすさ・加熱しやすさ・調味料のしみ込みやすさを考えた切り方や，調理に適した大きさのなべを選ぶことができるようにする。上項でも記したように，魚や肉を使用した煮物が中学校で取り上げられなかった場合は，高等学校において学習が補われることが望ましい。

高等学校では中学校での学習を生かして，素材の持ち味が生きるような加熱（弱火で長時間加熱など）や煮つまりなどを考慮した味つけの関係を考える。また，落としぶたを活用したりして，工夫しながら調理できるようにする。

⑨　生であえるもの

　サラダなどのように，適当な大きさに切った材料を非加熱のまま調味料とまぜ合わせる料理のグループである。非加熱であるため失敗することは少ないが，衛生面には十分に注意する必要がある。

　小学校では学習指導要領に示されている，材料の洗い方，切り方，味のつけ方など「調理の基本中の基本」ともいえる事項を学ぶ上で，ふさわしい題材である。そこで第一歩として，各食品の汚れのつき具合を調べながら，食品に応じた洗い方ができるようにする。切り方に関しては，食べやすさや味のしみこみやすさを考えながら目的に合った切り方ができるようにする。味のつけ方に関しては，ゆで物や炒め物と比較しながら，加熱前に味をつけておくとよい場合や食卓に出す直前にするとよい場合があることに気づくようにする。また，適度な濃さに味を整えることができるようにする。

　中学校では小学校での学習をさらに発展させ，材料を調味料とあえると水分が放出してしなやかになることや切り口が変色する野菜があることを知り，材料の特質に応じた変色防止などの下準備ができるようにする。また，食べやすさや調味料のしみ込みやすさに加えて，見た目の美しさなどを考えて切ることができるようにする学習の題材として適している。

　このグループの学習は中学校の段階でほぼ完了するが，あえ衣や食品の下準備などを多様に工夫できるグループであるため，高等学校でさらに経験を積むとよい。

⑩　固めるもの

　ゼラチンやかんてんなどのように，材料の凝固性を生かした料理のグループである。凝固性を持つ材料に応じた加熱方法や冷却方法だけに目を向けるのではなく，加熱による水分の蒸発量も考える必要がある。小・

中学校の教科書には掲載されていないため，基本的には高等学校での学習が初めてとなるが，家庭などにおける調理経験を持つ子どもも多い。

(3) 家庭科における指導内容
① 小学校の調理実習
　小学校家庭科の調理実習に関する内容として学習指導要領（平成11年）に示されているのは，下記のとおりである。

> 日常よく使用される食品を用いて簡単な調理ができるようにする。
> ア　調理に必要な材料の分量が分かり，手順を考えて調理計画を立てること。
> イ　材料の洗い方，切り方，味の付け方及び後片付けの仕方が分かること。
> ウ　ゆでたり，いためたりして調理ができること。
> エ　米飯及びみそ汁の調理ができること。
> オ　盛り付けや配膳を考え，楽しく食事ができること。
> カ　調理に必要な用具や食器の安全で衛生的な取扱い及びこんろの安全な取扱いができること。

　小学校では，日常の食事によく使われる食品（米，野菜，いも類，卵など）を用いた簡単な調理を通して，基礎的な調理技能を身につけるとともに，その技能を活用できる能力を育むことを目標としている。また，作る喜びや食べる楽しさなど，調理に親しみを持つとともに，一人一人が自信を持って意欲的に学習できるようにすることも調理実習の目的である。小学校の調理実習は基本的に単品の調理であり，扱う食品も少なく短時間ででき上がる料理が多いため，積極的に個人調理の機会を設けて，調理に対する経験と自信を持たせる機会とすることができる。また，学習者の調理技術が未熟であるため，なかなか成功へ結びつかない場合がある。そこで実習後は「情報交換」の場を設け，「どうしたらあのようにうまくできるのだろう。」「なぜ失敗したのだろう。」という子どもの気持ちを生かしながら，互いに情報交換させ今後の糧とさせたい。そ

のためには，どのように調理したのか振り返ることができるよう，火の強さや加えた調味料の量などをできるだけ細かく記せるような記録用紙を準備する必要がある。可能であれば，「再チャレンジ」の機会を設けて，にが手意識を克服させたいものである。そして，最終的には簡単なおかずとみそ汁，米飯という「1食分」の食事が整えられることをねらいとする。

　また，本格的な調理技術以前の基礎的な技能（計量，盛りつけ，配ぜん，後かたづけなど）を身につけることも重視されている。このほか，必要な調理器具の確認，次に使用する場合を考えた調理器具の扱いや保管・後かたづけ，身支度などの準備・調理の手順・食卓の用意・後かたづけなども必要である。

　さらに，こんろの取り扱いや，包丁の置き方・置く場所・持ち運び，まな板をぬらしてから使うこと，ふきんと台ふきの使い分けなど，安全・衛生面に関する指導も欠かせない項目である。特にこんろの取り扱いに関しては家庭での経験に乏しい子どもも多くいるため，本格的に調理実習を始める前に「お茶をいれてみよう」というような時間を設け，学校で使用するこんろの特徴や換気に注意すること，やけどの防止について十分に理解させる必要がある。また，使用前後の器具栓の確認や火力の調節も練習し，安全な調理実習に向けた態勢を整えなければならない。

② 中学校の調理実習

　中学校家庭科の調理実習に関する内容として学習指導要領（平成11年）に示されているのは，下記のとおりである。

> 食品の選択と日常食の調理の基礎について，次の事項を指導する。
> 　ア　食品の品質を見分け，用途に応じて適切に選択することができるようにすること。
> 　イ　簡単な日常食の調理ができること。
> 　ウ　食生活の安全と衛生に留意し，食品や調理器具等の適切な管理ができること。

　中学校では，栄養素の学習をふまえて食生活の自立に必要な実践的な

知識と技術を習得し，健康の保持増進を考えて１日分程度の食事を整えることができるようにすることをねらいとしている。なお，家庭科の目標において，小学校段階では基礎的な技能を「身に付ける」と表記されているが，中学校では基礎的な知識や技術を「習得する」となっている。これは，中学校では知識や技術の確実な定着を図ることが目標とされているからである。そのため，それぞれの料理のグループの最も基本的な手順で仕上がる料理を幅広く取り上げている。基本的な調理技術を習得させ，簡単な日常の食事を整えることができるように指導する。また，ここでの学習を基礎として，生徒が自分の食生活に関心を持ち，課題を見つけて日常食をよりよくするための工夫や，地域の食材を生かした調理を工夫したり，会食を実践することなどを通して，食生活をよりよく豊かにしようとする態度の育成をめざしている。

　小学校では，扱われる食品が「日常よく使われる食品（米，野菜，いも類，卵等）」であったのに対して，中学校では新たに生鮮食品（特に魚・肉）や加工食品が加わり，さらに数種の材料を組み合わせる料理が多くなる。使用される調味料も，小学校では食塩・しょうゆ・みそといった塩味系のものだけであったのに対し，中学校では食塩・みそ・しょうゆ・砂糖・食酢などと増加している。調理操作に関しては，小学校では加熱調理が「ゆでる」「炒める」の２項目だけであったのに対し，肉や魚の調理については「煮る」「焼く（網，フライパン，オーブンを使用）」「炒める」などの加熱調理のうちいずれかを扱うこととされている。また，調理の目的に合った加熱方法が必要であることを理解できるようにするとされており，習得されるべき調理技術の幅が格段に広がっている。ただ，時間がないという理由から中学校では煮物があまり選択されない傾向がある。また，「一食分の献立」という形で複数の料理を同時に調理する機会が多くなる。そのため班で協力しながら調理することになるが，しっかりと調理計画を考えさせるだけでなく，各々の学習者が特定の調理操作だけに携わることのないように配慮しなければならない。また，二重に味つけするような失敗が起こらないよう，班内で積極的に声をかけ合うようにあらかじめ指示しておくとよい。実習後は，話

し合いによって失敗の原因を究明させたり，班内で他のメンバーの調理に対して気づいたことをアドバイスし合えるような場を設け，今後の実践に役立てるようにするとよい。

　中学校における本格的な調理技術以前の基礎的技能（計量，盛りつけ，配膳，後かたづけなど）に対する指導は，小学校と比較するとかなり減少している。しかし「食品の品質の見分けや適切な選択」及び「食品の保存方法と保存期間」という項目が加わっており，調理に対する視野が，目的，栄養，価格，品質，調理の能率，環境への影響などの諸条件へと広げられて，より日常生活での実践を意識させるものとなっている。また，扱われる食品に魚や肉が加わったこともあり，食品や調理用具の安全・衛生的な取り扱いについては引き続き十分な指導を必要とする。なお，小学校から熱源としてあげられているガスに電気が加わっている。両者の特徴をよく知って，効率よく安全に取り扱うことができるようにしなければならない。

③ 高等学校の調理実習

　高等学校家庭科「家庭総合」の調理実習に関する内容として学習指導要領に示されているのは，下記のとおりである。

> 　衣食住の生活を科学的に理解させるとともに，衣食住に関する先人の知恵や文化を考えさせ，充実した衣食住の生活を営むことができるようにする。
> 　・食生活の科学と文化
> 　　栄養，食品，調理などについて科学的に理解させるとともに，食生活の文化に関心を持たせ，必要な技術を習得して充実した食生活を営むことができるようにする。

　高等学校段階では，小学校・中学校における学習の上に立ち，生活文化の伝承と創造の視点を踏まえて科学的な根拠に基づいた実践力を身に付け，生活的な自立と生活の充実向上をめざす。ここでの実践力とは，生活を総合的に認識し，何がよいかを判断する意思決定能力や，課題を解決する問題解決能力を示している。「家庭総合」においても，生活の

科学と文化,消費生活と資源・環境などに関する個別の知識を技術と総合化し,生活の場で生かせるようにすることをめざしている。そのため,調理実習においても各々の嗜好や調理の能率,経済面を考慮することはもちろん,資源・エネルギーにも配慮し,臨機応変に調理の工夫ができるようにする。また,食品の特質やその場の状況によって適切に機転をきかせ,様々な調理操作にアプローチできる能力を養わなければならない。そこで例えば,食品添加物や輸入食品などの問題点にふれながら,健康や安全に配慮した調理法を学習者に考えさせ,実践する機会を積極的に設けるような工夫をするとよい。

題材については,様式,調理法,食品が重ならないように配慮することとされている。中学校で学習していない調理法(肉や魚を使用した炒め物・焼き物・煮物のいずれか,及び,揚げ物,蒸し物など)を積極的に取り上げることが望ましいが,すでに学習した調理法に関する視野も広げさせたい。

中学校では中学生に必要な栄養を満たす1日分の献立をふまえて簡単な日常食ができることをめざしていたが,高等学校では家族の栄養や嗜好に対応し,調理の効率や経済面を考慮した1日の献立に基づいて調理できるようにする。また,調理上の性質を生かした調理法も身につけさせなければならないため,複雑な調理操作を伴う料理を扱ったり,食生活の文化の学習に関連して伝統食や行事食を扱うことになる。いずれも学習者にとっては慣れない作業となるため,班ごとのできばえにかなりの差ができる可能性がある。その際は,他班の作品の観察や試食を通して自分の課題を探し,科学的な調理のしくみに気づきながら失敗の原因を明らか

調理のコツ　〜一言メモ〜

料理名：	調理技術：
発見者：　　年　　組　　氏名	
発見したコツ	

図20　「調理のコツ〜一言メモ」の用紙

にするため，話し合いや情報交換の場を設けるようにするとよい。また，情報交換で得たことや自ら発見したコツなどを調理実習の記録に書くだけでなく，教科書には記載されていないような学習者ならではの観点を書き込んだ「調理のコツ・一言メモ」(図20)を作り，今後に活用できるようにしてもよい。なお，「調理のコツ・一言メモ」は保存用にコピーしてファイリングし，いつでもだれでも閲覧できるように調理室に置いておくと，今後の実習における学習者の観点を広げることができるだけでなく，次学年の学習者の貴重な参考資料となり得るだろう。

(4) 家庭科における調理指導の課題

　家庭科では日常生活に必要な基礎的な知識と技能の習得を目標にしている。基本的な技能とは他の技能や技術を獲得する基となるものであるため，身についている技能を自分の学習目的に応じて使いこなせるようにならなければならない。

　しかしながら，中学生や高校生でも「包丁で野菜の皮がむけない」「食品の洗浄が的確でない」「火かげんの調節ができない」「だしをとることを知らない」「ゆで上がりのタイミングを自分で判断できない」ということがよく話題になる。つまり小学生から中学生，中学生から高校生へと習得されるべき調理技術が十分に習得されず積み残されており，本来学習すべき技術にまで達していない子どもが多いことが，調理実習における課題の一つである。また，小学校においても「どうなったら沸とうかわからない」「加熱中の調理器具を素手でさわろうとする」というように，教師の持つ常識では考えられない行動が見受けられる。

　平成11年の学習指導要領を見ると，小学校では「ゆでたり，炒めたりして調理ができること。米飯及びみそ汁の調理ができること」，中学校では「魚や肉については『煮る』，『焼く』，『炒める』などの調理のうちいずれかを扱うものとする」というように，学習されるべき調理技術が食品や料理といっしょに記載されている。高等学校においては「日常用いられている主な食品及び実習で用いる食品の栄養的特質について，食品群との関連を図り，日本食品標準成分表を用いるなどして理解させ，

調理上の性質を生かした調理法と調理の基礎技術を身につけさせる」と記載されており，調理技術に関する具体的な系統性がわかりにくい。このため，習得すべき調理技術に関する学習のねらいが明確になりにくい場合が多いと考えられる。

　基礎的な技能は，「教師の指示どおり作って終わるだけ」の調理実習や，「単に方法だけを取り出して訓練するもの」は，実際の生活に生かすものとなりにくい。たしかに，包丁での皮むきなど手先の器用さを伴う運動技能についてはある程度の訓練が必要である。しかし，学習者自身が「ゆでるとはどういうことか」「どのように加熱されていくのか」「火かげんや水の量はどう関係しているのか」などと試行錯誤をくり返しながら，主体的に自らの技能を発揮し，工夫する経験を重ねることが重要である。

　ますます家庭科の授業時間が削減されていく中で，確実に子どもたちに調理技術を習得させるためには，小・中・高等学校の各段階との学習内容の重複を避けながら，限られた授業時間数の中で学習内容の選択・検討を綿密に行っていかなければならない。

3．体験的な調理の進め方

（1）生活科と調理の授業

　生活科の授業で取り上げられている調理の内容を知ることで，家庭科で扱ってきた調理の指導と生活科で扱う調理の違いをある程度把握することができる。そこで，いくつかの文献から生活科を中心に総合的な学習も含めて，調理を扱っている実践例を拾ってみることにした。表4は，①生活科ネットワーク，②Aseet「学習の広がりと深まりをめざす選択『家庭』と総合的な学習」，③カリキュラム改革としての総合学習「人間文化を拓く」，④小学校総合的な学習ガイドブックの4件の文献から，家庭科以外の授業の中で調理を行っている報告例をあげている。授業内容がある程度推測できるように，題材名はそのまま記載し，取り上げている調理を簡単に記した。表中の着目点とは，実践報告から各々の授業の目的や方向を読み取り，中心的となる活動をできるだけ短い言葉で示したものである。

　古い年代のものは，「生活科ネットワーク」から抽出しているので，生活科の実践報告が圧倒的に多い。それでも，1994年には，2年との交流という形ではあるが，6年生の総合的な学習に向けての実践が報告されている。この表では文献にかたよりがあるので，数量的な考察はできないが，大まかな授業の特徴をつかむことはできる。1・2年生では，栽培学習の延長線上で収穫物を調理して食べるという，食の原点に関わる実践が多い。これには，生活科の導入によって，命の大切さを教える「育てる」という学習活動が重視されるようになり，小動物のせわや植物の栽培（特に食べることのできるもの）が広く行われるようになったことが背景にある。最近では，食農教育というジャンルも開発されてきており，農作業を人間の生きる営みの基礎として位置づけ，児童や生徒に生命の循環を体験的に理解させようとするものもある。実践例の中でも，土に触れること，無農薬のものを，採れたてで食べることを重視す

るものが多かった。栽培するものは，さつまいもが多い。このほか，ラディッシュ，小麦，きゅうり，ほうれんそうなども見られた。育てた作物を自分たちで調理し，パーティーなどを開いて楽しむという展開が多いが，野菜につく虫を観察していたり，八百屋さんを開いたりと多様な展開が見られた。

　また，3年生以上で，総合的な学習の実施に向けて紹介されている実践例の中に，調理を行っているものが見られる。低学年の栽培から調理へと直線的な展開のものは，今回探した文献では見あたらなかった。高学年では，食事を文化や食習慣としてとらえ，他地域の生活との相違を知ることによって相互理解が深まると考えられている。これは，地域交流や国際理解の授業へと展開されている。さらに，調理を交流するのための一つの手だてとして見なし，料理を作ってもてなす，作り方を研究して教え合うなどの実際の活動設定が，学習の流れとして自然にできるようであった。このほか，環境・郷土などを学ぶ展開の一部（動機づけや具体的な行動目標）として，調理が取り入れられていた。

　次に，中学校の総合的な学習に向けての実践例からも，少し見ておくことにする。

　表5は，⑤カリキュラム改革としての総合学習「生きること・働くこと」，⑥カリキュラム改革としての総合学習「地域と結ぶ国際理解」，⑦Aseet「学習の広がりと深まりをめざす選択『家庭』と総合的な学習」から，調理を含む授業実践例を抜き出したものである。着目点は，中学校でも小学校高学年と同じで，地域・国際理解・郷土・環境などであった。調理品目はふえているが，これは，班によって異なる料理を扱っている場合が多いからである。これらの授業を円滑に進めるためには，個々の調理技術はかなりのレベルのものが必要となる。大きな特徴として，他者への働きかけという広がりは見られるが，個人の達成，成長という部分の目標が定かでないものが多い。調理は，生活の文化的側面，社会的側面を手軽にかつ現実的に考えさせることができる素材である。理解を深めたり，知識を広げたりといった学習にとどまらず，課題解決を含む社会的活動が考えられるのではないだろうか。

表4 家庭科以外で扱われた調理（小学校）

	題 材 名	着目点	掲載年	学年	文献	取り上げている調理
1	さつまいもを育てよう	栽培	1991	2年	①	きんとん・さつま汁他
2	スーパーマーケットの探検	街の探検	1991	2年	①	カレーライス
3	みんなで楽しく遊ぼう，こどもの日大きくなったよ記念	交流(1年と)	1991	2年	①	よもぎだんご
4	もやしを育てて，みんなで食べよう	栽培	1991	2年	①	サラダ・サンドイッチ
5	育てて実らせよう	栽培	1992	2年	①	サラダ・サンドイッチ
6	意欲を持って取り組む栽培活動	栽培	1992	1年	①	なす漬け
7	小麦を育てて食べよう	栽培	1992	1年	①	クッキー
8	ラディッシュパーティーをしよう	栽培	1992	1年	①	サラダ
9	栽培で大切にしたいこと	栽培	1993	1年	①	スイートポテト
10	ポテトパーティーをしよう	栽培	1993	2年	①	焼き・ゆでじゃが，みそ汁
11	おにぎりべんとうづくり授業を通して	家の仕事	1994	1年	①	おにぎり
12	生活科の課題と子どもの願いを大切にした活動について	栽培	1994	2年	①	さつまいもの調理
13	ムーチーを作ろう	栽培	1994	1年	①	ムーチー
14	ぼくの・わたしたちのさつまいも	栽培	1994	1年	①	いもケーキ
15	「秋となかよし」おいしいごちそうさあどうぞ	栽培	1994	1年	①	つけもの・みそ汁・おにぎり
16	収穫の喜びを味わおう	栽培	1994	2年	①	だいずの収穫よりきなこだんご
17	ポテトの国から	栽培	1994	1年	①	焼きいも・ゆでいも
18	心も体もあったかおなべにチャレンジ	交流(2年と)	1994	6年	①	おなべ
19	収穫の喜びを感じて	栽培	1994	1年	①	いもまんじゅう
20	長野に秋が来た	季節	1995	1年	①	秋のおやつ
21	植物を育てよう	栽培	1995	2年	①	野菜サラダ
22	お茶の鉄人になろう	身近な生物	1995	2年	①	身近な植物でお茶を入れる
23	ひとつのテーマでこどもとともに「食べ物だいすき」	栽培	1995	2年	①	野菜料理
24	あきをかんじよう	栽培	1995	1年	①	さつまいも料理

25	できたよトウモロコシ	栽培	1995	2年	①	塩ゆで
26	大阪ずしと江戸前ずし	文化比較	1995	5年	①	すしを作りたい
27	やさいだいすき	栽培	1996	1年	①	プランターでパクチョイ
28	そばを育てて食べよう	栽培	1996	2年	①	石うすでそば粉・そば
29	秋を見つけよう	栽培	1997	2年	①	さつまいもパーティ
30	ありがとう	交流・地域	1998	6年	②	会食・サンドイッチ
31	われら自然食品おすすめ派	環境・地域	1998	6年	②	着色料・おやつ・うちの畑の作物で
32	食事を究める「どっちのドンブリショー」牛丼vs天丼	国際理解・地域	1999	高学年	③	食材のルーツを探る
33	柴又名物の草だんごをつくろう	郷土	1999	3年	④	江戸時代の草だんご

表5　家庭科以外で扱われた調理（中学校）

	題材名	着目点	掲載年	文献	調理の特徴
1	「祭り」はぼくら・わたしらが創る	地域の人々・地域の仕事	1999	⑤	たこ焼き・焼きそば・ホルモン焼き・たこせんべい
2	ルーツを探そう―物のふるさと発見―	国際理解	1999	⑥	他国の料理
3	地域の特産品について調べよう	地域	1998	⑦	宝達くずでくずまんじゅう・いちじくの料理
4	宍道湖と松江の食文化	郷土	1998	⑦	しじみ・笹巻き・あご・おだえび・ごす・抹茶・出雲そば・松江の雑煮
5	環境問題とわたしたち―わたしたちにできること―	環境・地域	1998	⑦	特産品のみかんを使ってみかんグミ・オレンジクッキー・みかんゼリー
6	学校行事を生かし，他教科と連携した実習―外国人講師の先生と調理実習をしよう―	国際理解	1998	⑦	インド料理（サモサ，チャパティ，マサラタイ）
7	ペンション象鼻ヶ岬のメニュー作成	情報	1998	⑦	メニューの試作

　家庭科では，小学校5年生から調理の指導を行っているが，生活科などは小学校1・2年から，何らかの調理を行う機会がふえてきている。また，小学校高学年，中学校では，児童や生徒の技術の習得状況を無視した授業が展開される場合が増加してくるといわざるを得ない。しかし，

調理は，授業の重要なポイントに位置づけられており，学習者は，調理の完成度が高くなるほど学習に満足を感じ，その学習に価値を見い出すと考えられる。このため，調理の技術に関する学習もおろそかにすることはできない。指導者に調理の心得が必要であることはいうまでもないが，家庭科の学習と関連づけるなどの工夫が大切である。

第3章の2で述べたように家庭科の授業では，指導内容に系統性があり，一定の知識・技術の定着をめざす。このため，題材の共通化や，作業手順の統制が必要となる。また，総合的な学習では，ここで見てきたように作ることが目的であり，それによって定着する技術・技能は，家庭科の系統性上に位置づくものであるとは限らない。

それでは，調理実習の指導展開には両者に大きな相違が必要なのであろうか。次に紹介している課題探求型の調理実習は，家庭科で新しい試みとして行ったものである。同じように課題探求型の学習活動といっても教科学習と総合的な学習では異なり，家庭科の指導目標を達成させつつ，学習者の意欲的な参加を促すことが求められる。しかし，この指導展開は，課題の設定のしかたによって学習活動を広げることも絞ることもできるため，総合的な学習でも生かすことができる。また，児童・生徒の試行錯誤の様子や調理技術が伴わない活動の場合の支援の参考になると思われる。

(2) 小学校・試し作り—ゆで卵の調理

① 授業の概要

卵は，どの家庭の冷蔵庫にもいつも入っている，安価であり栄養面でも優れている，などの理由から，小学校の調理実習ではたいてい取り上げられる食材である。その卵の調理法の一つとして，「ゆでる」方法がある。こんろの使い方を学習した後で，よく実習を行う。

この実践においては，「自分が思うような固さのゆで卵を作ろう」という課題を持ち，試し作りを取り入れ，学習を展開した。すなわち，教師の指示やレシピにしたがってむだなく合理的に調理をすることを目指すのではなく，調理の過程を通じて生じた問題を状況に応じて判断し適

表6 「ゆで卵の調理時間」の授業計画(全3時間)

学　習　活　動	指導上の留意点
1回目の調理実習　2時間 1. 身じたくを整えて席につく。 2. 本時の学習の目的を知る。 　「ゆで卵を作ろう」 3. 調理上の注意事項を確認する。 　・30分で調理する。 　・作るのは班の人と一緒でも別々でもよい。 　・一つの班で同じ大きさのなべは使わない。 　・実習後に「作り方カード」に記入する。 　・ゆでた卵はお玉ですくい水を張ったボールに入れる。 　・使用したなべと湯はさめるまでそのままにしておく。 4. 実習開始 5. 他の人とでき上がりの様子を比べてから試食する。 6. 「作り方カード」「ふり返りカード」に記入する。 　・作業の手順の確認 　・目指す固さにするための注意事項の記入 7. まとめたことを発表する。 　・実物の提示, 実演などの工夫をする。 8. 後かたづけをする。 9. 次回の連絡	・エプロン, 三角巾着用の確認 ・これまでの調理経験の確認 ・自分が目ざすゆで加減の決定 ・ガスこんろの使い方を復習 ・衛生面と安全面の指導 ・作り方の調べ方を例示 　(教科書, 情報交換など) ・個別指導の項目 　手洗い, 調理器具の用意と洗浄, なべの大きさ, 水の量, こんろ点火, 火加減, 時間の計測, 卵の冷却, なべしき, 切断, 盛りつけ, 配ぜん, 調味 ・他者の工夫の発見 ・プレゼンテーションの工夫 ・改善に必要な参考資料の用意 ・他者との交流 ・デジタルカメラなどの活用 ・用具の始末の確認
2回目の調理実習　1時間 1. 身じたくを整えて席につく。 2. 本時の学習の目的を知る。 　「思いどおりのゆで卵を作ろう」 3. 調理上の注意事項を確認する。 　・20分で調理する。 　・盛りつけにレタスとミニトマトを使う。 4. 実習開始 5. 試食をして実習をまとめる。 6. 「ふり返りカード」に記入する, かたづけ, 連絡。	・調べ方の例示はしなかった。 ・個別指導の項目 　野菜の洗浄 ・教師や友だちのアドバイスも記録 ・「作り方カード」への付け加え

切に処理すること, 自分で掲げた目標の達成を経験させることなどを重視している。学習の結果として, ゆで卵の調理技術を身につけることができ, 「ゆでる」を中心とした調理操作の習得を行うことができる。

　授業は2回の調理実習を含めた3時間の構成である。表6にその計画を示す。1時間目は, 調理方法の検討と試し作り, 2時間目は, 友だち

との情報交換と調理方法の再検討を行い，3時間目に再度ゆで卵を作り，目標とした「自分が思うような固さのゆで卵」をめざした。実際の授業では，1・2時間目を1回目の調理実習，3時間目を2回目の調理実習とした。

　1・2時間目の目標は「ゆで卵を作ろう」である。卵アレルギーの有無や衛生，安全，調理進行上の注意事項などの確認の後，各自あるいは各班でゆで卵を作る。作り方について事前に指導はせず，そのつど，自分たちで調べる。調べ学習のための資料として，実物見本，参考図書，資料，掲示物などを実習室内に準備してあり，教科書は各自が持参している。実習後には，別掲のような作り方カードを作成することを知らせ，記入事項にはどんなことが必要かをたずねた。その結果は，「ゆで時間」「材料」「分量」があげられ，この3点が目下の課題であるとわかる。2時間目には，情報交換，調理方法の再検討，後かたづけ，作り方カード，ふり返りカードへの記入を行った。2回目の調理実習では，「思いどおりのゆで卵を作ろう」を目標にした。課題の提示は指導者のほうから行い，1回目の調理実習からゆで時間（沸とうしてからの時間），火かげん，なべの大きさ，水の量などが各班の課題としてあがってきていることを示した。また，調理台の整理整とん（衛生），火事ややけどへの注意（安全）の確認を行ったあと，調理実習を始めた。

　② 考　察
　調理実習後に各自が記入したふり返りカードから，以下のような点がわかった。ここでは，カードの前半に記入した準備の操作については省略する。図22に調理の操作がうまくいったと感じている者の割合を示す。
　この図からは，「水の量」「火かげん」「ゆで時間」「殻むきのタイミング」「殻むき」「卵の切断」の各調理操作が順調に習得されたことがうかがえる。「ゆで時間」と「卵の切断」は技術としてむずかしかったようで，「ゆで時間」では，うまくいったとする者は12％増加し，79.6％となっているが，他の項目と比べて高い割合であるとはいえない。水の分量，卵の数，なべの大きさでゆで時間が変化すること，ゆで具合が目で見てわからないことなどが原因になっていると考えられる。「水の量」

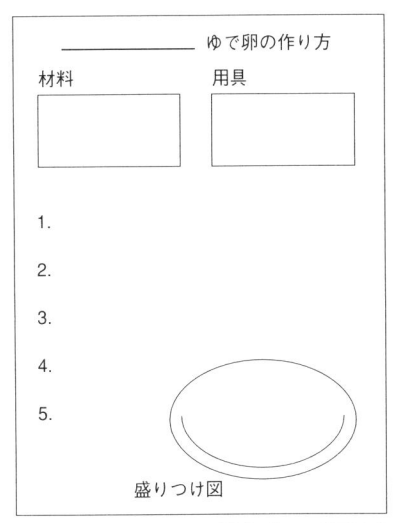

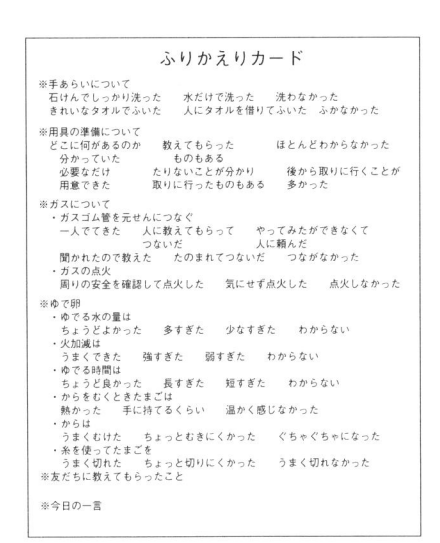

図21　作り方カード（左）とふり返りカード（右）

「火かげん」は、「卵にかぶるくらい」「沸とうしたら」という指標が目で見て確認できるため、一度の体験で定着しやすい技術であるといえる。これに対して、「ゆで時間」「殻むきのタイミング」は、目に見える指標を設定しにくいため、習得に時間のかかる技術であるといえる。また、「殻むき」「卵の切断」は、手先の器用さが求められる技術であるが、経験によって上達できる技術であるといえる。

また、学習後の感想で、「おいしい、上出来」などの出来ばえに満足

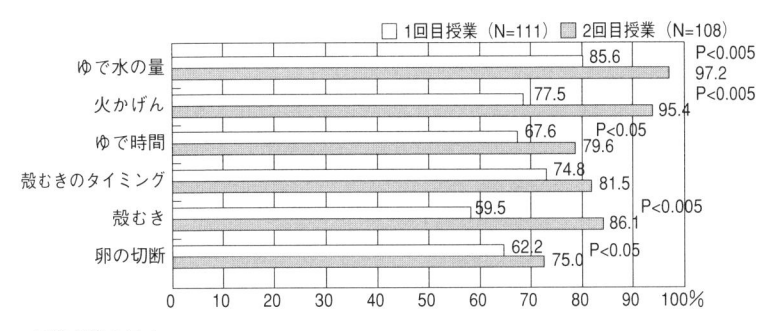

＊Nは回答者数を示す。
＊P＜0.005は、χ^2（カイ二乗）検定の結果、99.5％の精度で差があることを示す。
図22　調理の操作がうまくいったとする者の割合

3. 体験的な調理の進め方

している記述をした者が19人から30人へと増加している。気づいた調理上の注意事項の記述は2回目で減少しており、1回目の試し作りの調理で多くのことが学習されたと考える。「教えてもらったこと」の記述では、1回目は9項目あったのが、2回目では5項目に減少している。「ゆで時間」への疑問が12人から4人に減少し、「割れにくくする工夫」が0人から10人へと増加している。

このように、「試し作り」を含む実習の学習過程では、1回目の調理実習の段階で課題解決のための方法が模索されるため、より主体的に学習課題の追求が行われることがわかった。また、個々に作成した課題解決のための仮説を「仕上げ」の段階で検証できるため、学習への満足感が得やすいといえる。その他、課題解決に向けて班員による意見交換が頻繁に行われ、相互の課題意識を啓発し合う場面が見られた。また、資料の活用、教師への相談、他班の見学など情報収集のための活動が活発に行われ、調理操作の進行にともなって新たな課題の発見がなされていた。

以上のことから、調理実習における「試し作り」実習は、課題解決学習として適しているといえる。しかし、1回目の調理実習で学習内容に違いが出るため、相互交流が不可欠である。また、実習教材の選択には、課題解決の結果の確認が容易で、家庭での実践に生かすことのできるものを選択する必要がある。

(3) 中学校・試し作り—卵焼きの調理

① 授業の概要

家庭科における「生きる力」は、まさに学習した知識・技術を実生活の中に生かしていくことである。授業とくに調理実習後、学習したことを自分の生活に取り入れ、積極的に工夫したり、創造したりする力をつけていくにはどのような授業の展開が必要なのか。基礎的な調理技術の系統性、定着性をめざし、自ら進んで取り組んでいく実習の方法として「試し作り」の実習を実施した。

小学校では、東京書籍－ゆで卵・目玉焼き・いり卵、開隆堂－ゆで卵・目玉焼き・オムレツを卵の調理として扱っている。

中学校では，東京書籍・開隆堂とも卵の調理はなく，調理技術の「焼く」に関しての調理例が記載されている。

　今回，試し作りの教材として「卵焼き」を扱った。小学校の実習（ゆで卵）との関連性と，一人一人が実習できること，そして実習後も各家庭で活用していく機会が多いという観点から決定した。

　実習前に卵焼きを作った経験のある者は，158名（男子80名，女子78名）中で，次のようであった。
- 小学校家庭科の授業で作ったことがある　　　17名（男子5・女子12）
- 小学校家庭科の授業以外で作ったことがある　105名（男子44・女子61）
- まったく作ったことがない　　　　　　　　　49名（男子34・女子15）

　約77％以上の生徒が作ったことがあったが，その味つけについては使う調味料は知っていても，分量まではほとんど知らない状況であった。しょうゆ，塩，砂糖を使う生徒が多かったが，その他，こしょう，みりん，だしの素，マヨネーズ等もあった。

　実習前には，次の2点について説明しただけで，焼き方についての説明はしないで実習に入った。
1) 味つけのめやすとして，汁ものの標準的な塩分濃度が0.8～1％であること。
2) 調味料を計量するために，計量スプーン小さじでは，1g等は計りにくいので，スティックスプーンを用意し，軽く1杯が0.2g（5杯で1g）になること。

表7　試し作り「卵焼き」の授業計画（全7時間）

1. 卵焼きの実習の計画	1時間
2. 卵焼きを作る（1回目）…実習，試食，評価，検討	2時間
3. 卵焼きを作る（2回目）…実習，試食，評価，まとめ	2時間
4. 実習まとめ・各班発表	2時間

　実習の展開については，以下のような4つの段階で行った。
1) 調理実習
　　1人卵2個を使い，2人できめた調味料で味つけをして卵焼きを焼く。

班　編　成…男女10名ずつを2人1組で10班に編成（出席番号順）
　　　　　　　　各班こんろ1台を使い，1人ずつ卵焼きを作る。
　　時間を計る…ボールに卵を割った時点から，皿に盛りつけるまでの
　　　　　　　　時間を計る。
　　皿を区別する…先に焼いた卵焼きとあとに焼いたものと区別するため
　　　　　　　　に，盛りつけに違う皿を使用，付せんもつけておく。
　　準　備　物…卵焼き器（15×13cm），さいばし，フライ返し，油
　　　　　　　　引き，ボール，計量スプーン，スティックスプーン，
　　　　　　　　使用する調味料，卵1人に2個
2）試食・評価
　焼き上がった卵焼きをまず，焼き具合・焼き方で評価する。その後各班2つの卵焼きを人数分に切り分けて試食し，そのつど感想を記入する（評価用紙）
3）検討〈1回目の実習〉各班からもらったコメント用紙を参考に，2回目の実習の味つけを検討する。
　まとめ・発表〈2回目の実習〉実習の反省・まとめをする。
4）まとめ・発表
　各班1回目，2回目の卵焼きのでき上がり写真を使って発表する。調味料とその分量の変更による，味・評価の変化，実習を通しての感想等を発表する。
　② **考　察**
　実習前「卵焼きなんて…」という声も聞かれたが，生徒たちの関心・感想はどう変わっていったか。表8は，説明から実習1回目までと，実習1回目から2回目まで，そして実習後に卵焼きについて調べたり，だれかに聞いたり，

表8　実習へのアプローチ　　　　　　人(%)

項目 期間	調べたり・聞いたりした		調理をした	
	男子	女子	男子	女子
説明から実習1回目	28 (35.9)	33 (42.3)	14 (17.9)	39 (50.0)
実習1回目から実習2回目	22 (28.2)	13 (16.7)	25 (32.1)	35 (44.9)
実習後から12月23日まで			18 (23.1)	43 (55.1)

また実際に作ってみたなど何らかの形でアプローチをした人数である。実習にあたり，事前に調査，実習を行っている。とくに1回目の実習後に家で再度作っている生徒が多くなっている。「次はもう少しうまく焼きたい」，「さらに上手に焼きたい」という思いがあり，実習への意識の高まりが感じられる。実習中も意欲的に取り組む姿勢が見られた。実習後の活用については，男子18名・女子43名で少なかった。実習後やってみようと思った数（男子61名・78.2％，女子66名・84.6％）より極端に少なくなったのは，家庭でやる時間の確保ができないことが理由のようだ。やはり，実生活への活用のむずかしさを感じる。ただ通常の実習より，興味を持って取り組んだ生徒は多かった。

　卵焼きを焼く技術は「うまくなった」が91.0％以上で，2回だけだがくり返してやることは大事で，調理技術の習得・向上は通常の実習と比べてより効果的である。

　味つけについては，千差万別で奥が深い。1回目は「からい」の評価が41班（全80班）もあったが，2回目は14班とかなり減少し，「おいしい」の評価が増加した。味については人それぞれ好みが違うので，評価することは非常にむずかしい。生徒自身が行う評価と友だちからの評価とのくい違いも生じる。「卵焼きは今まで何回も作っているので，あまりむずかしくはなかったが，自分好みの味つけがみんなに不評だったのにショックを受けた。やはり料理というのは，食べる人がみんなおいしいと言ってくれるものが一番いいということを改めて感じた」（男子感想文から）。その一方で，自分の作った卵焼きの成果を確かめたい，いい評価を得たいということから，前向きに実習に取り組む姿勢が見られ，評価もていねいに行っていた。時間はかかるが，自己評価と友だちからの評価コメントは授業への取り組みの意欲につながり，非常に有効だと考えられる。

　試し作りの実習は85％以上の生徒が興味を持って取り組んでいた。「味つけが自分で考えてできる」「いろいろな卵焼きが食べられる」「卵焼きを巻くところ」「評価し合えるところ」等におもしろさを見い出している。おもしろくなかった理由としては「失敗したから」「同じこと

表9　実習後のアンケート結果　　　　　　　　　　　　　　　　　　　　　人(%)

アンケート項目	男女	おもしろかった		おもしろくなかった	
		男子	女子	男子	女子
卵焼きの実習はおもしろかったですか	1回目	69 (88.5)	67 (85.9)	9 (11.5)	11 (14.1)
	2回目	70 (89.7)	67 (85.9)	7 (9.0)	11 (14.1)
		大変うまくなった	少しうまくなった	変わらない	
「試し作り」で卵焼きを焼く技術は	男子	30 (38.5)	42 (53.8)	6 (7.7)	
	女子	16 (20.5)	53 (67.9)	9 (11.5)	
卵焼きの味つけは	男子	34 (43.6)	23 (29.5)	21 (26.9)	
	女子	26 (33.3)	24 (30.8)	28 (35.9)	

男子・78・女子・78　計156名

を2回やるから」があげられたが，少数であった。

　試し作りでは，生徒一人一人が「おいしい卵焼きをじょうずに作るためには，どうすればよいか」という目的を明確に持つことができる。そのため，その課題に主体的に，前向きにそして楽しく実習していたのが，印象的であった。

　実施方法も2人ではあるが，班活動としたことも生徒各自の適性を生かすとともに，友だちとのコミュニケーションを図りながら，認め合い，励まし合い，協力にもつながったように思う。評価も自分の作ったものをみんなに食べてもらい評価し合う相互評価を取り入れた。その結果，よりじょうずに，よりおいしい卵焼きを作ろうという意欲向上にも結びついている。

　新教育課程における基礎・基本の確実な定着を図るとともに，主体的に生活を営む力を育成する視点からも，「試し作りの実習」が効果的であるといえる。ただ，授業時間の減少の中，試し作りのための時間確保はむずかしい。この点の創意工夫・計画が必要であろう。

（4）高等学校・試し作り ── 一人調理の親子丼

　小学校，中学校での卵を扱った，調理技術の習得を目的とした課題解決型の調理実習を見てきた。高等学校でもこのような調理実習が可能で

あると思われるが，扱う調理はかなり複雑な構造となってくるので，「試し作り」という方法で，学習者自らが調理法を見い出し，効果的に学習を進めることができるのであろうか。そもそも，一度学習した調理は確実に定着した技術となっているのだろうかという疑問もある。そこで，1学期に学習した親子丼を一人で作ることができるかという簡単な実験実習を行ってみた。実施日は，2000年12月15日である。

1学期の実習はごく一般的な方法で実施され，一品ではなく，親子丼・すまし汁・ロックケーキの献立で実施された。4人の班構成で，手順や役割分担の計画を事前に立て，作り方の学習も事前に行われた。

この実験調理に参加したのは，高校2年生の男子5人，女子5人の計10人である。前回の役割分担で，親子丼を作った者は8名で，2名は事前学習は受けているが，自分では作っていない。調理にかかった時間は，20～40分で，男子はほとんどの者が20分台であった。

表10　親子丼をつくった経験

	有り	無し
男子	4	1
女子	4	1

表11　調理にかかった時間

	20分台	30分台	40分台
男子	4	1	0
女子	2	0	3

作り方を覚えていたとする者はなく，ほとんどの者が忘れていた（表12）。しかし，ほとんどの男子はでき上がりはうまくいったとしており，女子は普通か普通以上のできばえとしている。味も，おいしかったとする者が多く，調理の手順等は，忘れてしまっていたが，作っているうちに思い出してきたようである。

表12　作り方は覚えていたか

	忘れた	少し忘れた	覚えていた
男子	4	1	0
女子	2	3	0

表13　でき上がり

	うまくできた	変わらない	よくなかった
男子	5	0	0
女子	3	1	1

何を忘れていたかという問いには，全部・ほぼ

全部と答えた者が半数いた。残りは，材料をなべに入れる順番，調味のしかたを忘れたとしていた。

　1学期と比べて，手順がスムーズになったという者は6名おり，手間取ったとする者は男子に2名いた。でき上がりについては，表13に示すように，うまくできたとする者が8名と多かった。よくなかったとする者は，女子に1名いた。

　また，おいしかったとする者は6名と多く，反対においしくなかったとする者はいなかった。

　親子丼を初めて作った2人は，所用時間は20分と40分で，手順をほぼ覚えていたとする者と，忘れたとする者の両者が含まれていた。味やできばえは，おいしかった，うまくいったとしているものの，少し薄かった，もう一度やったらできる，味つけの自信がない，焼きすぎたなど具体的な反省点が記述されていた。これに対し，作り方は忘れたとしながらも，2度目の体験となる者は，楽しかった，手早く作れた，なぜかうまくいったなど自信に満ちた記述が多かった。中には，オリジナル料理を究めたいという記述もあり，個別調理によって調理のおもしろさにひかれたようであった。今回は，もともと調理に関心の高いグループであると思われるので，楽観的な結論は差し控えたいが，個別で，自らが調理方法を探るという授業展開に対する高校生の反応を，さらに追跡してみたい。

第4章
世界の調理と出会う

◆◆◆◆◆

　自分の住んでいる地域や知らない地域の料理，海外の食材や食習慣などを知ることは，単に調理技術を学ぶだけでなく，その社会全体の理解へとつながっていく。各家庭での食の個性がなくなりつつある現在では，よその地域や海外の食生活と比較することによって，自分の食事の独自性や特徴を自覚することができる。そして，自己の属する社会に対する理解にもつながるといえる。
　ここでは，いくつかの国々の料理と食習慣について解説している。代表的な料理のほかに，食事の様子や，学校での調理実習の様子などできるだけ紹介している。ブラジルのような広い国では，同じ国の中でも多様な食習慣がある。また，シンガポールは小さい国であるが，多様な民族が住んでいるので食習慣も多様な面がある。いずれも，ほんの一端を紹介しているにすぎないが，調べ学習への提案として掲載した。

1．韓国の調理

（1）韓国の食生活

　最近，日本でも韓国料理に対する関心が高まりつつある。キムチ，カルビやビビンバなどは日本人のだれもが知っている代表的な韓国の食べ物である。それ以外にも韓国特有の食生活や食文化に対して興味や関心を持つ人が増えている。ここでは，韓国の食生活の特徴を概略的に紹介する。そして，韓国の学校教育ではどのような料理を基礎として学んでいるかをみるために，韓国の中学校の「技術・家庭」教科の中で取り上げられている調理実習に関する内容を紹介し，韓国の食生活への理解を深めたい。ここで中学1年生向けの調理実習を対象としたのは，中学校1年から高校まで，体系的に展開されている調理実習の最初のステップである点や，男女共通の教科になった現状の中で，男女共に比較的簡単に作れる料理内容で構成されている点，しかも自分の食生活の中で応用しやすい課題が選ばれている点などの理由による。

　韓国の位置している朝鮮半島は，国土の7割は山となっており，国土の3面が海に接している。したがって，食生活はその自然環境の影響を受けている。豊富な食材が取れ，それを利用した料理が発達している。多彩な穀類を主食としながら，副食との調和によってバランスがよく取れた食生活を営んできた。そして，海から取れた魚類，貝類，干魚類，塩辛類などの加工法も発達している。中国文化の影響を受けた韓国の食生活文化の中で，特に2000年の歴史を持っているしょうゆ，みそ，醸造法などは日本にも伝えられた。また逆にアイロニカルにも，韓国でよく使われている代表的な食材のとうがらしは日本から韓国の方に伝わった。

　食事の際にはしを使っている国は，韓国，中国，日本，ベトナムの4か国である。韓国では，はしだけではなく，さじ（スプーン）もよく使われているが，それは韓国の食べ物の中では水を利用した料理（例えば，

スープ，湯，クック，チゲなべなど）が発達したからである。食文化の側面からも日韓で相違点が見られる。例えば，食事の際，日本では茶わんを持ち上げることが行儀が正しいとされているが，韓国ではその正反対である。すなわち，韓国では食事の際，食器を持ち上げることは行儀悪いこととされ，年長者からしかられることになる。

韓国では，ご飯とスープ類はさじですくって，はしはおかずをつかむときに使う。その他にも，韓国の食生活は，朝，昼，晩の献立の区分がなく，醗酵食品が発達している点がその特徴である。

地理的にもっとも近い国である日本と韓国の両国であるが，その食生活や食文化の側面からみると共通点はもとより，相違点も多く見られる。ここでは，以下の6つの側面から韓国の食生活の特徴を述べてみる。

❶ 主食と副食の区分
　ア）　主食；ご飯を中心とする穀類の食べ物であり，例えば，もち米ご飯，雑穀ご飯，お粥，麺類，餃子，等々があげられる。
　イ）　副食；スープ類，チゲなべ類，キムチ類，野菜類，魚類，肉類を利用したおかず類がある。

❷ 食べ物の種類と調理法の多様性
　ア）　調理法が多様である。たとえば，ご飯，スープ，蒸し物，ナムル類，焼き物，ジョン類[1]などがある。
　イ）　西洋では乾熱調理が発達したといわれるが，韓国では比較的湿熱調理が発達した。
　ウ）　食品を細かく切ってから調理するので，食べる際に楽である（西洋では食卓で直接切りながら食べる）。

❸ 食べ物の味の多様性
　ア）　様々なヤンニョン（薬味）を利用し，多様な味つけができる。たとえば，ねぎ，にんにく，とうがらし，しょうゆ，ごま油，しょうがなどが使われる。

---

1) ジョンとは，日本ではチヂミとして知られているが，その具の種類によってさまざまな名前がつく。調理法としては，肉類，魚介類，野菜類などを薄く切り，小麦粉，卵などをつけて，フライパンに少量のサラダ油で焼く調理方法である。

イ) 飾り（コミョン）を適切に利用し，美しさを感させじる。例えば，松の実，ぎんなん，きのこ，卵，糸とうがらしなどがよく使われる。

❹ テーブル作り
ア) 飯床（バンサン）；ご飯＋スープ＋おかず
イ) 麺類；麺類（そば，そうめん，うどん，などの手作り麺類）＋おかず
ウ) 酒按床（ジュアンサン）；茶菓床，交子床（台盤）など
エ) 各宴会のための床（満1才の誕生日祝い，結婚祝い，還暦祝いなど）

❺ 地域と季節による料理の発達
ア) 夏；サンゲタン（参鶏湯），豆スープ → たんぱく質の補給
イ) 冬；キムチ → ビタミン供給

❻ 伝統行事食
ア) お正月；トックッ[1]，餃子スープ
イ) 月見；五穀飯，海苔，9種類のナムル，ブロン[2]
ウ) 端午；ジュンピョン（米餅(べいもち)の一種），スリチ（よもぎ餅），餃子
エ) お盆；里芋湯（スープ），ソンピョン[3]（米餅），新米ご飯，初果物
オ) 冬至；あずきがゆ，ドンチミ（水キムチの一種）

（2）韓国料理の特徴

❶ 主食の調理

主食とされるものには，穀類の粉化利用，穀類のご飯，トックッ，お粥などの調理がある。

---

[1] 日本の御雑煮にあたる。クックとは，スープの意味で，入れる具によって様々な名前がつく。例えば，わかめクック，だいずもやしクックなどがある。
[2] ブロンとは，松の実，くるみ，落花生，ぎんなんなどを，自分の年齢の回数かむこと。一年中の無事と皮膚にぶつぶつなどが出ないように祈る。
[3] ソンピョンとは，米餅の中に，砂糖とごまやあずきなどの具を入れ，餃子のように包んだものを松の葉っぱにのせて蒸したもの。

● キムチの発達とその種類 ●

　キムチとは，野菜類を塩に漬け，とうがらし，塩辛などを入れて醱酵，熟成させたもので，ミネラルとビタミンの供給源である。季節によってキムチの種類もかわり，現在よく知られているはくさいキムチ，カクテキ，きゅうりキムチ，白キムチ，醬キムチ，水キムチなどを含め，158種類があるといわれている。

　最初は漬け野菜の形であったが，とうがらしが入った現在のキムチの形態は17世紀に日本からとうがらしが伝わってからである。韓国のキムチが発酵食品である点で，日本のキムチとやや異なる。キムチはとうがらしに含まれているカプサイシンのダイエット効果が評価され，若者にも人気のある食品である。ちなみに韓国で輸出されているキムチの98％が日本向けである。

　キムチの味つけも時代によって変わってきた。古代には，野菜を塩漬けした形をしていた。高麗時代には，塩漬けされた野菜ににんにく等のヤンニョンを入れた。朝鮮時代には，とうがらしが入ったキムチが発達した（17世紀）。現在では，塩辛，魚介類，肉類，果物などを入れた多様な種類に発達し，大量の輸出も行われている。

❷ 副食の調理

副食では，次のような調理方法がある。

- 湯あるいはクック類（汁物）
- 生菜（生野菜のあえ物に当たる）
- チゲなべ
- チーム（蒸し物）
- 熟菜
- チジミ類　　　　　　　　など

❸ デザート類

デザートには，次のような種類がある。

- 花菜（五味子茶を利用）
- 薬食
- シックヘ（甘酒）
- 薬菓
- 花煎・団子・ソンピョン
- スジョンガ[1]　　　　　　など

---

1) 煎じたしょうが汁に砂糖かはちみつを入れ，干し柿，松子，肉桂をつけた飲み物。

韓国のテーブル作り—飯床（バンサン）（御膳）作り—
　ご飯を主とするテーブルで，チョップ数とは，ご飯，クック，キムチ，チゲあるいはチーム（蒸し物），醬類を除いた主となるおかずの数を意味し，3チョップ飯床，5チョップ飯床，7チョップ飯床，9チョップ飯床，12チョップ飯床（王様の飯床）などがある（写真は7チョップ飯床）。

図1　チョップ飯床の例

（3）中学校での調理実習

「技術・家庭」は，既存の「技術・産業」と「家庭」を合併した教科で，中学校1年から高校1年までの男女学生すべてが学ぶ国民共通教科である。

「技術・家庭」では，技術と産業に対する基礎知識および技能を習得し，高度産業社会に対応し，家庭生活に必要な基本的な知識と技能を習得し，家庭生活に対する理解を高め，生活の質を向上させる能力と意識（態度）を育成し，未来社会を営むために必要な知識・技能・意識（態度）を総合的に育てる重要な教科である。「技術・家庭」の内容は大きく3つに分けられ，「家族と仕事の理解」「生活技術」「生活資源と環境管理」の領域によって構成されている。本稿では，現在韓国教育部から認定を受けた中学校1年生向けの教科書の参考書および自習書全9種の中から，調理実習に関わる内容を取り上げ，韓国で中学校1年生が学んでいる具体的な調理の生活技術を紹介する。

まず，中学校1年生向けの「技術・家庭」の教科書は，出版社によってその具体的な説明，あるいは取り上げられている事例は異なっているが，すべて5部構成となっている。すなわち，「1.私と家族の理解」「2.青少年の栄養と食事」「3.未来

図2　調理実習の様子

126　　第4章　世界の調理と出会う

の技術」「4.制度の基礎」,「5.コンピュータと情報の処理」などである。特に「2.青少年の栄養と食事」を詳細にみると,「青少年の栄養(栄養と健康,栄養素の種類とその役割,青少年期栄養の特性)」「青少年の食事(バランスの取れた食事,食品の分類と食事構成,食習慣と栄養)」「調理の基礎と実際」で構成されており,その具体的な調理の事例は次の表のとおりである。

表1　各教科書に提示されている調理実習の例

出版社	調理実習の内容
(株)大韓教科書	ご飯,ほうれんそうみそ汁,だいこん生菜,さわら焼き,小魚とうがらし煮物,じゃがいも炒め物
(株)豆山	ご飯,だいこんクック,きゅうりキムチ,焼き肉,とうふ煮物,魚ジョン,ズッキーニジョン,フレンチフライ
(株)教学社	五穀飯,わかめクック,焼き肉,さんま缶詰煮物,小魚煮物,ほうれんそうナムル,きゅうりナムル
(株)天才教育	豆ご飯,ほうれんそうみそ汁,だいこん生菜,焼き肉,さば煮物,ズッキーニジョン
(株)金星出版社	雑穀ご飯,チキン炒めご飯,のり巻きずし,コンナムルクック(豆もやしスープ),きゅうり生菜,するめ千切り炒め,魚ジョン
東和社	オムレット,弁当作り,豆ご飯,わかめスープ,焼き肉,ほうれんそうナムル
蛍雪出版社	豆ご飯,だいこんクック,ほうれんそうナムル,さば焼き,小魚炒め物
教学研究社	ご飯,だいこんクック,ほうれんそうナムル,焼き肉,さば煮物,ズッキーニジョン,魚ジョン,カクテキ,サラダ
(株)知学社	ご飯,とうふみそチゲ,茶わん蒸し,トンカツ,サラダ,ザップチェ(はるさめ炒め)
アップツウー	ご飯,豆もやしクック,じゃがいも煮物,ジョン,魚焼き

　上記の中で,特に(株)天才教育では「家族と共にする皿洗い」欄が設けられ,食事の後のかたづけの要領と生ごみの処理方法などを強調している(飼料化,石けん作り,再活用など)。

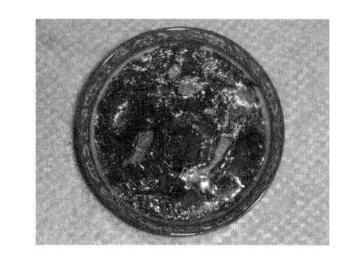

（4）韓国の料理

　表1に取り上げられた調理実習の内容の中で，日本でも近くに食材料を求めやすく，調理方法が比較的に簡単なものの中からいくつかを選び，その調理方法を以下に紹介する。

わかめスープ

　わかめは独特な食感と香味を持ち，栄養的にも優秀なアルカリ性食品である。乾燥したわかめは水に浸けておくと10倍も重さが増え，スープを作るとすぐ軟らかくなる。

●材料（5人前）
- 乾燥わかめ　……30 g
- 牛肉　　　　……100 g
- しょうゆ　　……大さじ2
- ごま油　　　……小さじ1
- 水　　　　　……6カップ
- にんにく　　……2片
- 塩，こしょう……少々

●作り方
① 乾燥わかめは水に浸してもどし，水気を取って5cmくらいに切る。
② なべにごま油を入れ，牛肉（千切りしたもの）を入れてしばらく炒め，①を入れ一緒にいためる。
③ ②に水を入れ沸とうさせてから，しょうゆ，にんにくを入れ，塩，こしょうで味つけする。

ほうれんそうナムル

●材料（4人前）
- ほうれんそう　……280 g
- しょうゆ　　　……小さじ1
- ごま油　　　　……小さじ1
- にんにく，ねぎ……小さじ1（みじん切り）
- 塩，こしょう　……少々

●作り方
① ほうれんそうは根を切ってから洗う。
② 塩が入ったお湯にほうれんそうを軽くゆで，冷たい水に流して水気をしぼる。ゆでるときは，必ずふたを開けたままでゆでる。
③ ゆでたほうれんそうを適当に切り，塩，しょうゆ，ごま油，みじん切りにしたにんにく，ねぎ，いりごまを入れ，あえる。

ズッキーニジョン・魚ジョン

●材料（4人前）
・ズッキーニ　……200ｇ
・白身ざかな　……200ｇ
・卵　　　　　……3個
・小麦粉　　　……2／3カップ
・サラダ油　　……1／2カップ
・塩，こしょう……少々

●作り方
① ズッキーニは0.3cm程度の厚さで切る。
② 薄く切った魚（白身ざかなを利用）に塩，こしょうをかけておく。
③ フライパンを温めて，サラダ油をかける（弱火）。
④ 小麦粉をつけた①と②に卵をつけて，黄色っぽく焼く。

焼き肉

●材料（5人前）
・牛肉　　　　　……500ｇ
・しょうゆ　　　……大さじ3
・砂糖　　　　　……大さじ2
・ごま油　　　　……小さじ1
・にんにく，ねぎ……大さじ1（みじん切り）
・塩，こしょう　……少々

●作り方
① 牛肉に砂糖をつけておく。
② その他の材料を①に入れ，よくまぜておく。

③ 温めたフライパンに①の牛肉を入れ，強火でこげないように焼く。温かいうちに食べる。

　以上，韓国の食生活・食文化の特徴を概略的に述べた。特に，中学校1年生の調理実習の内容を中心に，韓国の一般的な料理の調理方法について記述した。

　グローバル化されつつある現在，以前はその国独特のものであったものが，今は，国を問わず共通の，共用のものとなることが多くなってきた。そして，それはますます進むことが予測される。食生活にも同様の現状がみられ，海外旅行がそれほど遠い話ではなく，外国の料理と接する機会もふえてきた。単に食べ物や料理を知るだけでなく，その国の食生活・食文化まで理解しようとする努力から，本当の意味での国際理解・国際交流まで視野を広げることができるのではないだろうか。

　本稿の作成にあたって参考資料収集にご協力いただきました，現在，東アジア食生活学会会長の韓在淑先生（嶺南大学校生活科学部教授）に心から感謝いたします。

2．シンガポールの調理

（1）シンガポールの食生活

　シンガポール共和国は，マレー半島の南端に位置するいくつかの島々からなり，約648km²と日本の淡路島とほぼ同じぐらいの面積を持つ。赤道近くに位置するため，熱帯性モンスーン気候に属し，気温や湿度が高い。一年間を通じて，気温は約26℃から27℃，湿度は80％以上と日本の8月ごろの気候に近い。古くから貿易が盛んで，人の往来が盛んな地域であるが，最近は，日本からの観光客も多く訪れている。310万人ほどの人口は，中華系，ヨーロッパ系，マレー系，インド系と多くの人種や民族で構成されている。宗教もキリスト教，仏教，ヒンズー教，イスラム教と多彩で，多くの寺院や仏閣がある。

　食生活の最も大きな特徴といえるのは，ホーカーズ・センターでの食事である。市内に大規模なホーカーズ・センターがいくつかあり，多くの人々は，朝食，昼食をここで食べる。自宅での調理は，夕食だけの場合が多い。一つのセンターの中にいくつもの商店が軒を並べており，気に入ったものを買ってきて，中央部にあるテーブルについて食べる。メニューは，中華風や東南アジア系のものが多いようであった。食事には，はしやスプーン，フォークを使う。食器を持ち上げて食べるのは行儀が悪く，汁気を含むものをはしで食べるときは，左手のスプーンで汁を受けながら食べる。ここでは，魚介類の加工品や麺類が多く，生野菜はあまり見かけられなかった。揚げ物や炒め物を，マレー風の甘いケチャップソースや中華風のからしじょうゆなどをつけて食べる場合が多い。

　中学校でも，校内の食堂の中に小さな店がいくつもあり，生徒たちは，思い思いの店で好きなものを買って，中央部のテーブルで食べていた。お弁当を持参する習慣はなく，弁当を持ってきていると言えば，外食する小銭もない人と思われるようである。

(2) シンガポール料理の特徴

　食事の内容も豊かで，中華風，マレー風，インド風，イギリス風，タイ風と多様なものを味わうことができる。海産物が豊富で魚やえびの加工品の種類が多い。また，世界貿易の中心地であったことから，調味料などの種類も非常に多い。シンガポールのオリジナル料理というものはないが，それぞれの伝統的食事スタイルを守りながら，相互に融合し合っている部分もあるといえる。例えば，イギリス風のハイティーという3時のお茶は習慣化されたものになっているが，訪問先で出されたお菓子は，はちみつケーキとぶたまんじゅうという組み合わせであった。一食の食事でも，イギリス風と中華風とタイ風を組み合わせるなど，多様な食べ方がされているようである。

　日本のような主食と副食の区別はなく，ホーカーズセンターで見られた料理の調理方法による分類では，揚げ物，炒め物，焼き物，汁物が中心であった。汁物は，餃子を浮かせた餃子スープや，ラーメン，ビーフンの上にかまぼこなどのフライをのせたヨン・トー・フーなどボリュームのあるものが多かった。炒め物は，ホッケン・ミーとよばれる焼きそばに似たものや野菜炒めがあり，味つけや素材にはいろいろなものが使われていた。また，ナシ・ゴレンといわれるマレー風のチャーハンやチキンライスなどもある。焼き物では，焼き鳥や餃子が見られた。魚のすり身の蒸し物なども多く見られた。麺類やイモ類，穀類の入ったものが食事の中心になっているようであった。

　このほか，洋風，中華風では，調理方法のバリエーションも多く，日本で食べられているものと類似している。

図3　焼きそば 　　図4　焼き鳥 　　図5　餃子スープ

(3) 中学校での調理実習

① 教科書の内容

シンガポールでは，中学校から家庭科の学習が始まり，主に1・2年生で男女ともに履修する。教科書は政府が製作・発行を行っており，家庭科は1年生用と2年生用がある。食生活に関する内容は，実用的かつ系統的なものである。1年生用では，「健康な食事」というテーマで，食品群，食品の栄養，エネルギー，健康な食べ方，調理法，食材の準備と選び方，食品の安全な保存，外食についての学習を行う。そして教科書の最後に，数種の献立例を示したレシピがある。レシピの種類は，表2にあげている。レシピには，でき上がりの写真と材料，簡単な手順，必要な用具が記載されているだけである。2年生用では，「家族のための健康な食事」という題になり，食事を家族に供するための学習となる。内容は，健康な食事のとり方，幼児や老人の食事，調理済み食品の利用のしかた，調理法，調理用具の使い方，台所の衛生と安全で，やはり最後に表3に示すようなレシピが添えられている。

レシピに示されている料理は洋風のものが多く，学校教育の中では，洋風料理が中心となっているようであった。

表2　1年生用教科書記載のレシピ

種　類	レ　シ　ピ
洋　風	チキンサラダ，チキンシチュー，手羽先のグリル焼き，ハンバーガー，マッシュルームオムレツ，ココア，コーヒー，オレンジエード，紅茶，スクランブルエッグとトースト，マカロニスープ，ミックス野菜とチキンのスープ，蒸しケーキ，フルーツサラダ，サンバサンドイッチ，シロップとエバミルクの飲料
インド風	ナンカレー，野菜カレー，ターメニックライス，トサイ（Thosai）
中華風	とり雑炊，揚げそば，栗とココナッツミルクのデザート
マレー風	焼き鳥，ガドガド(Gado-Gado)，ヤムイモの蒸しケーキ，ロジャック(Rojak)

表3　2年生用教科書記載のレシピ

種　類	レ　シ　ピ
洋　風	ピザ，ポテトのミートパイ，ボート漕ぎの漬物，ボロネーズスパゲッティ，野菜と豆乳のシチュー，パーティハリネズミ，にんじんケーキ，カップケーキ，カレーパフ，ファンシービスケット，ミニマフィン，パンケーキ，パイ生地，サバリービスケット，チョコレートミルクシェイク，フルーツドリンク
インド風	キーマ，サモサ(samosa)，バダイ(vadai)，
中華風	魚団子のフライ，焼き飯，揚げワンタン，蒸し豆乳，クリームコーンの寒天，いわしの包み揚げ，春巻き
マレー風	バナナの天ぷら，レモンと大麦のジュース，大豆ドリンク，スターフルーツと豆乳のドリンク

② 調理実習の指導

　調理実習の様子を3つの中学校で見学したが，授業展開の方法は基本的に同じであった。一単位授業時間は35分で，調理実習は2校時分が当てられていた。この時間で材料の扱い方や簡単な手順の説明，調理技術の示範，かたづけを行っていた。事前に調理の計画や下調べの時間を取っていない。調理の後，残り時間で栄養学習を行う場面もあった。クラスそろっての試食は行わず，持参の容器に入れて持ち帰り，昼食と共に食べることになっていた。

　授業の進め方は，まず，短いスパンの作業を説明し，そこまで行うよ

図6　手順の説明を真剣に聞く（1）　　図7　手順の説明を真剣に聞く（2）

う指示を出す。調理の進み具合を見ながら,指示したところまできたら生徒を集め,次の段階の指事を出すというものであった。それ以外の説明は,黒板に作業の順番が数行書いてあるだけで,細かい技術等は,何も書いてなかった。また,室内には,関連する掲示物も見られなかった。「この作業を3秒でしなさい」というような指示もあり,統制は非常によくとれていた。調理の評価は,一人ずつ行われ,見た目による教師の直感が重視されていた。

③ 調理実習室の設備と備品の活用

クラスは,調理実習のときには2つに分けられ,20名ほどとなる。調理のグループは2人で,すべての設備,用具が2人用になっていた。材料は,実習助手や先生の手によってある程度の大きさに切られ,野菜類は洗った状態で,2人分ずつに分けて置かれていた。

流し台は,一人用の小さなシンクで,横に一つずつ水切りかごが置かれていた。その横には,ステンレス製のボールや皿,大きなスプーン,小さなスプーン,肉ばさみ,ペティナイフ,ほうちょう,さいばし,木べら等が用意されていた。これらの横に電熱器型の4口こんろ,大型のオーブン等が配置されていた。試食は行わないので,食器棚は見当たらなかった。また,調理室中央に大きなテーブルがあったが試食台ではなく,示範を見せる,材料を切るなどの調理台として使われていた。配ぜんの学習では,見本としてトレイに配ぜんされたものが先生から提示された。

調理室は,全体的によく整備されており,清潔感にあふれたものであった。教科書にある献立例は,ほとんど実習されるということであるから,実習室の利用頻度も高いようである。部屋の配置については,第2章で紹介している。

となりの準備室で,調理操作の技術を学ぶためのCAI教材を見てから実習を始めるクラスもあった。短い時間

図8　1人用流し回りの様子

で最大の学習効果を上げるため，設備，用具，方法，教員数，生徒数などに工夫がみられた。

(4) シンガポールの料理

　中学校のレシピの中から，日本でも材料が手に入りやすく，比較的作りやすいと思われるものを紹介する。

　シンガポールの調理では，多様な人種や民族が共に生活することによって，小さな地域であっても，複雑な食文化を開花させていることを知ることができた。学校教育の中でも，食文化の多様性を見失うことなく，それぞれの人種や民族を代表する調理を，その人種や民族だけではなくすべての生徒が学習している点に多民族国家の努力がうかがえる。このように食生活を通して，日本と異なる課題を持つ社会の様子やその努力などを学ぶ機会とすることができる。現在の食生活は，歴史の蓄積や風土の特徴によって生まれたものであるということに視点を置くことが，調理を生かして深く学ぶことにつながるといえる。

ひき肉のカレー

●材料
- ひき肉　　　　……75g
- じゃがいも　　……中1個（1cm角のさいころ状，さいの目切り）
- たまねぎ　　　……中1個（あらいみじん切り）
- にんにく　　　……一片　　　　　　　｝つぶす
- しょうが　　　……1cm厚さ1枚
- カレーペースト……1デザートスプーン
- グリーンピース……大さじ1
- 塩　　　　　　……小さじ1/4
- 油　　　　　　……大さじ1
- ココナッツミルク……100ml（にが手な場合は省略しましょう）

●作り方
① たまねぎ，にんにく，しょうがおよびカレーペーストをまぜる。

② なべに油を熱して①の材料を香辛料のよい香りがするまでいためる。
③ ひき肉とじゃがいもをまぜて、1分ほどいためる。
④ ココナッツミルクを加えて沸とうさせ、火を弱めてじゃがいもに火を通す。
⑤ グリーンピースと塩を加えて、さらに1分加熱する。
⑥ 温かいご飯やパンなどとともに供する。

トマトライス

● 材料
- 米　　　　　　　……カップ1（洗って水を切っておく）
- 油　　　　　　　……大さじ1
- たまねぎ　　　　……大1/2個
- シナモンスティック……2cm
- トマトスープ（缶）……1カップ
- 水　　　　　　　……180ml（トマトスープとまぜておく）
- グリンピース　　……大さじ2
- 塩　　　　　　　……小さじ1/4

● 作り方
① 油を熱して、たまねぎとシナモンをいため、たまねぎに軽く色がついたら米を加える。米がパチパチとするまでいためる。
② 水で薄めたトマトジュース、グリーンピース、塩を加えて沸とうさせる。
ふたをして弱火で米に火を通す。
③ カレーとともにいただく。
つけ合わせとしてオニオンフライやコリアンダーを添えるとエスニックな雰囲気になる。

ヤムイモの蒸しもの

●材料　　　　　　　　　※やわらかいお餅のようなでき上がりです。
- ヤムイモ　……200ｇ
  （１cm角のさいころ状に切る）
- 上新粉　　……125ｇ
- 塩　　　　……小さじ1／4
- 水　　　　……300ml
- 油　　　　……小さじ１
- シャロット……４個（薄切り）
- 干しえび　……大さじ２　粉のもの
- しょうゆ　……小さじ1／2
- こしょう　……適宜

［つけ合わせ］
- 新たまねぎのみじん切り
- いりごま
- チリソース

●作り方
① 蒸し器にお湯を沸かしておく。
② 上新粉と塩をボールに入れる。中央をくぼませて，そこに水を徐々に注ぐ。
③ 油を熱して，シャロットを薄く色づくまで炒める。
④ 干しえびを加えて香りが出るまで炒める。
⑤ ヤムイモ，しょうゆ，こしょうを加えて1分間炒めて火からおろす。
⑥ ②を加えてよくまぜ，油を塗っておいた型に入れて20分蒸す。
⑦ つけ合わせをのせて切り分け，チリソースを添えていただく。

3．その他の国々の調理

(1) フィリピンの調理

　ここでは，フィリピンの食生活について，日本と似ているところ，異なるところをあげておく。

① 毎日の食事の時間

　全体に日本と比較して早い。例えば，通学に1時間かかるような場合は，朝食は午前5時ごろとっている。古くから太陽の動きに合わせてきたフィリピンは，昼食は正午，夕食は日没ごろとされている。日本の小学校では，昼食に給食があるところが多いが，フィリピンではお弁当を持っていく。お弁当の中身の一例を聞くと，から揚げやにがうりと卵の炒めものが入っていて，日本のお弁当とよく似ている。

② 食事のときのきまり

　食事の前に，日本の場合「いただきます」と声をかけることが多い。フィリピンでは，カトリック信者である場合，朝，夜には，食事ができることに感謝してお祈りをする。また，父母を待ってから食事をする。

　大皿におかずやご飯が入っていて，それぞれの皿にスプーンがついており，それぞれの小皿に取って食べる。主食は米であるが，日本とは違い米がぱさぱさしているので，小皿の中でおかずとまぜたり，スープやおかずの汁にまぜて食べる。

　皿の上のご飯は，フォークを左手に持ち，右手のスプーンの腹に入れる。また，おかずは，一口大に切ってあるので，ナイフを使わないで大皿から取ってそのまま食べる。

図9　大皿と小皿

　日本でもサンドウィッチやおにぎりを食べるときなど，手で食べることがあるが，フィリピンでも同じように手で食べることがある。例えば，

お弁当として、おにぎりのようにご飯をバナナの葉に包んであるものは、手で食べたり、バナナの葉をお皿がわりにする昔の食事法がある。

日本では、うどんを食べるときなどに「ズズズ」と音を鳴らすことがあるが、フィリピンでは音を鳴らすことはいけない。また、茶わんを持ち上げて食べることはない。

③ フィリピンの有名な食事について

日本と似た料理の中で、ぶたの角煮がある。日本ではしょうゆ、しょうが等で味つけするが、フィリピンでは、にんにく、酢、砂糖、ブラックペッパーで味をつける。

カレーはビーフを使わず、チキンやシーフード、野菜を使う。また、ココナッツミルクを入れて、日本のようにとろみのあるものでなく、スープに近い。

以下に紹介するのは、家庭でよく作られるポピュラーなスープである。

■シニガンスープ（えびの酸っぱいスープ）

●材料
- 有頭えび ……5〜6尾
- トマト ……小1個
- たまねぎ ……1/5個
- なす ……1本
- ほうれんそう……1株（カンコンや小松菜）
- だいこん ……4cm
- 青とうがらし……4本
- タマリンド[1] ……3〜5個
- 米のとぎ汁 ……800ml
- ナンプラー[2] ……大さじ1/2

●作り方
・日本で作ることを考えて、梅干しでの作り方を書く。
  ① だいこんは半月切り、トマトは八つ切り、なすはいちょう切り、青とうがらしは3〜4cmに切り、ほうれんそうは、葉と茎で分ける。

---
[1] タマリンドスープのもとを使用することが多い。タマリンドのかわりに梅干しやレモンを使用することもできる。
[2] ナンプラーはしょうゆでもよい。

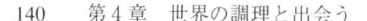

② 米のとぎ汁を沸とうさせる。梅干しを入れてよくつぶす。
③ だいこんを入れて，柔らかくなったら，トマト，たまねぎを入れて煮る。
④ だいこんに十分火が通ったら，なす，えび，ほうれんそうの茎，ししとうを入れる。塩，ナンプラーで味をととのえる。
⑤ 最後にほうれんそうの葉を入れて，火を止める。

―タマリンドを使う場合―

②のところで，米のとぎ汁の半分をタマリンドを煮て，柔らかくなったら取り出す。それを茶こしに入れて，スプーンの背で押しつぶして果肉をもどす。そして残りのとぎ汁とだいこんを入れて，③の作り方になる。

■タマリンドって何だろう

タマリンドとは，熱帯原産のまめ科の植物である。10mから15mの高さの高木で，さやに入った豆を取り囲む果肉を食べる。日本ではえんどう豆に似ているが，果物であり，味は酸味がある。茶色く熟したものを加工して，袋づめにしたものが乾物屋さんで売っている。

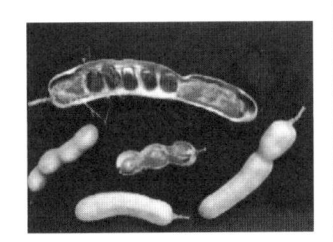

図10　タマリンド

熟しているタマリンドは，甘酸っぱい，まるで干しあんずかプルーン，うめのジャムのような味である。しかし，料理の味つけに使うのは熟したタマリンドではなく，緑色の未熟な実や，葉っぱを料理の味つけに使う。

(2) イギリスの料理

① イギリスの位置と気候

　イギリス（United Kingdom）は日本と同じ島国だが、かなり北に位置している。東京は北緯35度付近であるのに対してイギリスの首都であるロンドンは北緯51度。これは樺太中部と同じ緯度で、沿岸を流れる暖流の影響で高い緯度の割に温暖な気候だが、日本と比較すると寒さはかなり厳しい。また日照時間も夏は夜中近くまで明るく、冬は午後3時くらいには暗くなる。

② イギリスの食事

　紹介したローストビーフはイギリスとりわけイングランドの家庭料理の代表的なもので、伝統的に日曜日のお昼にディナーとして食べるものである。ロースト・ポテト、温野菜、グレービーソースを添えていただく。ヨークシャープディングはつけ合わせとしてよく供されるが、プディングといってもお菓子ではなく甘くないつけ合わせで、小麦粉を練ったものをオーブンで焼いたものである。デザートにはトライフルがつきものである。

　味つけは塩・こしょうが主で、つけ合わせの野菜なども塩ゆでされて供されることが多い。また、肉料理に添えられるソースは豚肉にはリンゴ、羊肉にはミントソースが多い。香辛料は、こしょう、ミントとともにディルもよく使われる。

　海に囲まれたイギリスでは特に中〜北部でサバ、タラ、サケ、ニシン、イカなどの魚介類もよく食べられている。

　イギリス人は紅茶をよく飲むことで有名だが、そのティータイムに一緒に食べるお菓子の代表がスコーンでビスケットのようなものである。ただし現在では、紅茶だけでなくコーヒーも日常よく飲まれている。

　英国式朝食といえばシリアル、トースト、ソーセージまたはベーコンに卵料理といったボリュームたっぷりなものであるが、最近はヨーグルトや果物などの軽い食事ですます人たちも多い。

　昼食はサンドイッチを持参したり購入することが多い。お店で中身とパ

ンの種類を自由に注文して作ってもらえる。それに飲み物とリンゴなどの果物、デザートのケーキ類をつけてというのが普通である。子どものお弁当もサンドイッチにリンゴ、ヨーグルトなどの場合が多い。小学校から一旦帰宅して自宅で昼食をとる生徒もいる。

　イギリスの食事について一般的な事柄を記したが、地方地方によっても違うし、属する世代・階級・居住する地域の特徴によっても内容は変化する。若い世代は伝統的習慣にあまり気づかわないようである。

ローストビーフとクレービーソース

● 材料
- 牛かたまり肉　　……800g
- 塩，こしょう，油……適宜
- 薄力粉　　　　　……大1
- チキンストック　……300ml（スープの素1個をお湯で溶かす）
- クレソン　　　　……適宜（茎の固いところは除いておく）

● 準備
- チキンストックを用意する。
- オーブンを200℃に温めておく。
- クレソンは水を入れたコップにさしておくとしなびない。

● 作り方
① 牛肉に塩・こしょうを多めにこすりつけて，表面に油を軽く塗る。
② 金網を置いた天板に肉をのせ，200℃のオーブン中段で途中何回か肉汁をかけながら40～50分焼く。好みの焼きかげんにより焼き時間は加減すること。
③ 焼き上がったらオーブンから出して，ローストビーフがぱさぱさにならないようにアルミホイルなどをかけて20分ほど置いておき，少し冷ます（粗熱を取る）。
④ ［クレービーソースの作り方］天板に残った肉汁の上のほうにある透明の油は少しすてて，小なべに移し，薄力粉を加えてよくまぜて，粉っぽさがなくなるまでよく炒める。チキンストック300mlを加え，固まり状のものができないようにとろりとするまで煮つめる。

塩・こしょうを入れて味見をしておく。チキンストックを入れる量は好みで加減する。

⑤ 肉を薄く切って，皿にかっこよく盛り，クレソンを飾ってグレイビーソースを添えていただく。

ヨークシャープディング　（ローストビーフとともに）

● **材料**
- 薄力粉……60g
- 塩　　……少々
- 卵　　……1個
- 牛乳　……60ml
- 水　　……60ml
- 油　　……少々

● **準備**
- オーブンを200℃に温めておく。
- 薄力粉と塩をいっしょにしてふるっておく。
- 牛乳と卵と水をいっしょにまぜ合わせておく。

● **作り方**

① 薄力粉と塩を入れたボールに卵，牛乳，水を加えて泡立て器でよくかきまぜてなめらかにする。冷蔵庫に30分以上入れておく（生地を休ませる）。

② 型(プリン型)の内側に油を塗り，200℃のオーブンに入れて20〜30分たち，ふくらんで焼き色がついたらでき上がり。すぐに食卓へ。

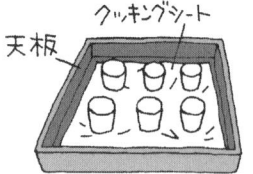

スコーン

● **材料**　（8〜10個分）
- 薄力粉　　　　　　　……250g
- ベーキングパウダー……大さじ1
- グラニュー糖　　　　……大さじ1
- バター　　　　　　　……50g
- 卵　　　　　　　　　……1個
- 牛乳　　　　　　　　……卵と合わせて120ml
- 強力粉　　　　　　　……少々（打ち粉用）

●準備　・薄力粉，ベーキングパウダー，グラニュー糖をいっしょにふるっておく。
　　　　・卵と牛乳を合わせてまぜておく。
　　　　・オーブンを200℃に温めておく。
●作り方
① 薄力粉，ベーキングパウダー，グラニュー糖を合わせてふるった中に，手でバターを細かくきざむようにまぜる（最初のうちはフォークの背で粉にまぜ込むようにつぶして，さらに手でバターの大きな固まりをつぶしていってもよい）。さらさらの状態になったら，牛乳と卵をまぜたものを加えながら，手で練りまぜて一つにまとめる（生地のでき上がり）。
② くっつかないように強力粉を台の上に薄く広げておく（打ち粉）。その台の上で生地を少しこねてから，めん棒で2cmくらいの厚さに均一にのばす。
③ 直径5〜6cmの丸型（コップで代用してもよい）で型をぬく。
④ オーブン用シートをしいた天板に丸い生地を少し間をおいて並べる。焼いている間に少しふくらむので，くっつけて置かないこと。200℃のオーブンで15分くらい焼いてでき上がり。クリームや好みのジャムをつけていただく。

(3) タイの料理

① タイの位置と気候

タイ（Kingdom of Thailand）は，インドシナ半島のほぼ中央，赤道の少し北側に位置し，熱帯性気候で1年間は主に降水量によって暑季（2月中旬から5月中旬）・雨季（5月中旬から10月）・乾季（10月から2月中旬）に分けられる。年間平均気温は約28℃という常夏の国である。その中でも一番暑いのは文字どおり暑季で，この時期に学校は夏休みがある。また，乾季は日中は30℃であっても気温の変化が大きく，朝晩はかなり冷える。

② タイの食品と料理

タイの主要農産物は，日本と同じく水稲である。しかし栽培品種はインディカ種で，日本で作られるジャポニカ種と違って，細長く粘り気が少ない。タイの人々の主食であり，タイ北部はもち米，南部はうるち米を用いることが多い。料理は全般的にいわゆるハーブといわれる香辛料をひとつの料理中にも量・種類ともかなり多く使っていて，味はその影響から，辛味と酸味の強いことが特徴といえる。肉類一般とともに川魚やえび・かにを含めた魚介類もよく食される。また，果物の種類・量ともに豊富で，マンゴーなどはデザートとしてだけでなく料理の中にも取り入れられている。日本人にはその強いにおいが苦手な人の多いドリアンは，タイの人々には特に好まれている。

日本の子どもの大好きなカレーはタイでも日常よく食べられる料理だが，日本のカレーとは大きな違いがある。それは色である。タイのカレーの色は赤，白，緑などで，茶色いカレーは存在しない。これはカレーに使用するスパイスが違うためである。タイの留学生は日本のカレーの色がタイとはかなり違うので驚いたそうである。

③ タイの人々の食生活

タイはその地理的な位置から，歴史的に東西交易の要衝であった。住民も，タイ族のほかに華人系，インド系，マレー系や北部山地に居住する少数民族からなる多民族国家である。その食文化にはインドや中国な

ど周りの国々から影響を受けているものも多い。

　タイの人々は料理をスプーンとフォークを使って食べる。基本的に利き手にスプーン，反対の手にフォークを持って，スプーンですくって食べる。優雅に使いこなすには慣れないと結構むずかしい。はしは麺類を食べるときに使うこともあるが，タイの人は普段はあまり使わない。また，食器は日本のおわんのように手で持って食べることはしないし，汁物など音をたててすすりながらいただくのは無作法である。食事の間，おしゃべりはしないというのも今の日本の食卓風景とは異なる。また，ご飯のときに添える飲み物はお茶ではなく水の場合が多い。特に若い人はお茶をあまり好まない。

　タイの小学校では給食のあるところが多い。給食のない小学校や，中・高校生はお弁当を持参したり，学内の食堂を利用して昼食をとる。大学生にもなるとお弁当を持参することはあまりない。作る時間がないのではなく，日本と違って，お弁当の評価は低く，弁当持参は昼食を外食でとる経済的余裕がないということであるらしい。

■ パイナップルチャーハン

●材料（4人分）
- パイナップル（生）　……1個
- ぶた薄切り肉　　　　……50g
- ウィンナーソーセージ……6本
- にんにく　　　　　　……1/2片
- ししとうがらし（赤）……5本
- ご飯　　　　　　　　……4杯分

[調味料]
- ナムプラー[1]　　　　……大さじ1
- 砂糖　　　　　　　　……小さじ1
- 塩・こしょう　　　　……各少々
- サラダ油　　　　　　……大さじ4

---

1) ナムプラー：タイ料理には欠かせない調味料で，日本のしょうゆのようなもの。魚の塩漬けを原料として作られる。

●作り方
① パイナップルは側面を切り取ってふたにし，中をくりぬく。果肉は1～2cm角に切り，皮はオーブンなどで温めておく。
② ぶた肉，ソーセージ，にんにく，とうがらしを細かくきざむ。
③ フライパンに油を熱して②を入れて，肉に火が通るまで強火で炒める。
④ ご飯とパイナップルを加えていため，全体に油がなじんだところで調味料を加えてひといためする。温めておいたパイナップルの器に盛る。

トムヤム・クム（えび入り辛みスープ）

辛くて酸味のあるスープ

●材料（4人分）
- えび ……10～15尾
- 袋たけ（缶詰） ……100g
- カー[1] ……1片
- カティアムドーン[2] ……6本
- 水 ……3カップ
- プリッキーヌ[3] ……4～6本
- バイマックルー[4] ……4本
- レモングラス[5] ……2本
- 水（またはチキンスープ）……3カップ

[調味料]
- ナムプラー[6] ……大さじ2
- レモン汁 ……大さじ2
- チリインオイル[7] ……小さじ1

●作り方
① えびは水で洗って背わたを取る（えびの背を丸めて頭に近いほう

---

1) カー：しょうがに似ているが，辛味・香が強い。(ナンキョウ)
2) カティアムドーン：にんにくの甘酢漬け。
3) プリッキーヌ：長さが2～3cmのとうがらし。辛味が特に強い。
4) バイマックルー：コブミカンの葉。タイではハーブとして風味づけに用いる。
5) レモングラス：熱帯のハーブ。レモンで代用してもよい。
6) ナムプラー：パイナップルチャーハンの項参照。
7) チリインオイル：タイの調味料。辛味と甘味とうま味に富む。

の殻と殻の間に竹ぐしを差し込んで，見えている黒い筋—背わた—をすくいとる）。袋たけはたて半分に切る。カーとカティアムドーンは薄く切る。レモングラスはたたいて香りを出しておく。
② なべに水と香味野菜を入れて強火にかけ，5分ほど煮て辛味を出す。
③ えびと袋たけを加えて火を通し，調味料を加える。

マンゴーライス

甘いソースをからめながら食べるデザート

●材料
[ライス]
・もち米　　　　　……180ml
・水　　　　　　　……180ml
・マンゴー　　　　…… 4個
・いりごま（白）　……適量

[ココナッツソース]
・ココナッツパウダー……10g
・水　　　　　　　……100ml
・砂糖　　　　　　……30g
・塩　　　　　　　……少々

●作り方
① もち米は洗って分量の水で2時間ほど吸水し，たいて冷ましておく（蒸してもよい）。
② マンゴーは種と皮を除き，2cm幅に切る。
③ 小なべにココナッツパウダーを水にとかして火にかけ，表面に油が出たら砂糖と塩を加えて冷やす。
④ 皿にもち米を盛ってマンゴーを添える。ココナッツソースをかけながらいただく。

（4） ブラジルの調理

① ブラジルの地域

　ブラジルの人口は，約1億5千万人と日本より3千万人ほど多いだけであるが，面積は約851万km²で日本の約23倍ある。26の州からなり，5つの地区に分類されている。北部のアマゾナス州，パラー州など5つの州からなるノールテ(Norte)とよばれる地域は，熱帯雨林のジャングルとなっており人口密度は低い。東北部はノルディスチ(Nordeste)とよばれ9つの州からなる。さとうきびなどが栽培されている。リオ・デ・ジャネイロ州やサン・パウロ州は南東部にあり，他の2州とともにスデスチ(Sudeste)とよばれ，人口密集地となっている。中西部は，3つの州からなりセントローオエスチ(Centro-Oeste)とよばれ，牧草地が多く人口はそれほど多くはない。南部のスー(Sul)も3つの州からなるが，気候がヨーロッパと似ているため，特に白人系の人が多い。このほか，首都のブラジリアは連邦区となっており，どの州にも属さず南東部と中西部の中程にある。言語は，ポルトガル語である。人種は多様で，様々な国民性を持つ人がいるので，お互いの習慣や考え方を尊重し，互いが自由に行動できることを重視する生活スタイルが定着している。

② ブラジルの食事

　南東部では，パン，ご飯，煮豆，サラダ，ステーキ，煮魚，野菜炒め（コウベマンティーガ）などがよく食べられている。朝は，パンとカフェオーレ，フルーツやヨーグルトなどが多いが，昼食や夕食ではご飯や煮豆が多い。昼食は，お弁当を持っていくことはほとんどなく，家に帰って食べるか外食をする。フェイジョアーダとよばれる黒い豆の煮物を中心にして，ご飯，ステーキ，サラダ，野菜炒め，じゃがいもなどを，それぞれに盛られた皿から自分の皿に，食べたいものを食べたいだけ取って盛りつけて食べる。フェイジョアーダは，豆のほかに牛肉やきのこなどを入れて煮ることが多い。フェージョンとよばれる白い豆も日常的に食べられているが，フェイジョアーダほど頻繁には食べられない。

　コウベマンティーガとよばれる野菜炒めは，野菜を1cm幅ぐらいに

切って炒め、塩で味をつけたものである。ご飯は、インディカ米を油で炒め、水を加えて煮たピラフで、フェイジョアーダとまぜ合わせながら食べる。北のほうでは、米のかわりにマンジョーカとよばれるいもの粉をよく使う。マニオカといういもが、ポルトガル風によばれ、マンジョーカとなったようであるが、ケーキやスープ、パン、お菓子などいろいろなものの材料になる。

　ブラジルでは、日本のように甘辛いとか、甘酸っぱいという味つけはなく、甘いものは甘く、辛いものは辛く味をつける。そして、自分の皿の中で好みの味にまぜ合わせて食べる。食事は、ナイフとフォーク、スプーンを使って行われる。ブラジル式というときは自由形式のことで、アメリカ式、日本式、ヨーロッパ式、中国式など様々なスタイルの料理を楽しむことができる。パスタなどのイタリア料理もよく食べられる。パーティーでは、手で食べられるもの一品ずつを一皿ごとに盛り、たくさんの皿をテーブルに並べて、自由に取って食べるバイキング方式が多い。料理の数や、テーブル上の配置など特に決まりはなく、その時々に合わせて自由に工夫する。

　写真のフェイジョアーダは、パーティ用に盛りつけられたものであるが、ふだんは、それぞれの好みによって、フェイジョアーダ、ライス、

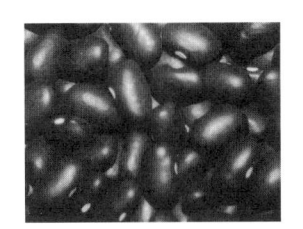

図11 マンジョーカ　　図12 フェイジョアーダ　　図13 フェージョン

ステーキというように順番に積み重ねたり、それぞれの山を作ったりして盛る。写真のライスの回りにあるのが、コウベマンティーガである。左の方にフェイジョアーダがある。これは、牛

図14 フェイジョアーダの盛りつけ

肉の角切りが入っている。フェイジョアーダというのは，本来は，煮豆の料理名であるが，これを中心にした一皿に盛った料理全体もフェイジョアーダとよぶ。

また，日本食としてにぎり寿司や巻きずし，かにかまぼこなどもよく知られている。

③ ブラジルのお菓子

ブラジルの代表的なお菓子は，ベイジーニョという白くて丸い小さなお菓子である。広くどの地域でも食べられており，ブラジルのお菓子の中でも甘いお菓子と言われている。誕生会・パーティー・お祭りなどによく出され，大人も子どもも大好きである。ポルトガル語では，「小さいキッス」という意味で，特に結婚式に喜ばれる。ココナッツの粉のかわりに，粉チョコレートをまぶしたブリガディーロといっしょに出されることが多い。白と黒のコントラストが楽しめる。一週間ほど食べられるので，一度にたくさん作ることが多い。

図15　ブリガディーロ

このほか，コシニャとよばれる小麦粉の皮の真ん中に鶏肉を包み油で揚げた，ドロップ型の小さなコロッケのようなものも，手で取って食べやすいので，パーティーではよく出される。

また，キンドンは，ココナッツを使ったお菓子である。ベイジーニョほど一般的ではないが，黄色い色が鮮やかで，パーティーなどでに出される。これも非常に甘い。調理の型はリングケーキのものを使っており，プリンもこの型を使って作られていることが多い。キンドンもプリンの変形と考えられる。

④ ブラジル料理の調理

ベイジーニョ

●材料
- ココナッツの粉　　……400 g
- バター　　　　　　……200 g
- 卵（卵黄）　　　　……2個
- コンデンスミルク　……1缶(350g程度)
- バニラエッセンス　……少々
- クローブ（ちょうじ）……60個

●作り方
① バターをなべでとかす。
② そこへ，コンデンスミルク，卵黄，ココナッツの粉を半量，バニラエッセンス4滴を加える。
③ なべからはがれるまで，弱火にして練る。
④ まぜたものをバターを塗った皿に移し，冷やす。
⑤ 手に少しバターを塗り，団子を作り残りのココナッツの粉をまぶす。好みでアルミカップなどに入れてもかわいい。

（所要時間40分）

キンドン

●材料
- 砂糖　　　　　　　……3カップ
- ココナッツの粉　　……2カップ
- ココナッツミルク　……1カップ
- マーガリン　　　　……大さじ1
- 卵黄　　　　　　　……10個
- 全卵　　　　　　　……2個

●作り方
① 材料を全部ミキサーにかけてまぜ合わせる。
② 型にマーガリンを十分に塗り，砂糖を少しまいてから①を入れる。
③ 弱火で湯せんにする。
④ 卵が十分固まったら冷やして皿に盛る。

3.その他の国々の調理

第5章
基本的な調理の技術を学ぶ

◆◆◆◆◆◆

　調理を含む学習活動では，ある程度の調理技術が必要となる。ここでは，児童・生徒の調べ学習の資料として活用できるレシピを紹介している。紹介した調理は，簡単なものからある程度の技術が必要なものまで，幅広く収集した。また，できるだけ，調理の専門用語には説明をつけ，初心者にも使えるよう工夫している。

　日本の代表的な料理を多く取り上げているが，みそ汁のような，家庭科で基礎・基本と考えられているものは扱っていない。初級，中級，上級の区別は，小学校，中学校，高等学校での家庭科の調理レベルを一応想定しているが，より調理操作が複雑なものという程度の区分である。

●この章の使い方

　総合的な学習で調理を取り上げる意義を第1章で見てきた。第2章では，調理を取り上げる視点の多様性を窺うことができた。これらを踏まえ，児童・生徒の学習活動の資料となるよう第4章，第5章を設けている。第4章では，国際理解の視点からいくつかの国の食生活について簡単に述べている。また，その国の代表的な調理で，日本でも材料を入手しやすいもの，比較的作りやすいもの，食べやすいものを選んでレシピを紹介した。

　第5章では，児童・生徒が目的に応じた調理を選ぶ際に資料とできるよう，日常的な調理を紹介している。環境教育として栽培学習を行ったときの収穫物で作る料理，国際交流などで紹介できる日本の料理，交流会やパーティで使える料理，健康を考えた料理など，さまざまな総合的・横断的課題に対応できる調理を紹介している。

　また，学習者の調理技術に応じて料理を選ぶことができるよう，レシピのレベルを初級，中級，上級に分類している。初級は，調理初心者にできる程度のものを集め，児童・生徒にも理解できるようやさしい表現を使って説明している。中級は，中学生程度のレベルを想定しているが，初級と比べ，必要な材料の種類が多く，扱い方や手順がややむずかしいものを集めている。上級は，基本的な日本の料理のほかに，調理操作の複雑なものを取り上げている。学習者の調理レベルに応じて選ぶようアドバイスすることで，むりのない調理を行うことができる。

　調理の分類については，特定の調理を課題に対応した調理として固定的にとらえず，必要に応じて学習者が主体的に探せるよう，課題別に提示することはしなかった。しかし，調理のイメージをつかみやすくするため，加熱に必要なその調理の中心的な用具によって，たとえば，フライパンでは炒め物，なべでは煮物というように分類している。

その他，調理への興味関心を深めるため，「やってみよう」や「豆知識」を設け，家庭科の学習へとつなげることができるよう，あるいは，総合的な学習をさらに発展させるきっかけとできるよう配慮した。
　本章は，児童・生徒の直接的な利用を考え，わかりやすいていねいな説明を心がけ，働きかけを意識した表現や組み立てとなるよう努力したつもりである。総合的な学習の活動の中で，状況に応じた調理を選択する資料として，また，家庭科の調理学習のレシピとしてそのまま利用することも可能である。

・・・・・・

　体験を通じて調理技術を習得することは大切であるが，現代の食生活の課題や食文化のあり方などについて考えることもまた大切である。調理を行うためには，調理の技術が必要である。しかし，調理の技術を持っていても，実生活で生かす機会がなければ技術は定着しない。実生活で調理技術の必要性を実感していない児童・生徒にとって，技術を学ぶだけの展開となる調理の学習では目的を認識しにくく，食べることにのみ関心を示すものになりやすい。しかし，具体的な目的を達成するための手だてとして学ぶ調理は，必要性が強く自覚されるため，実り多いものとなるに違いない。家庭科であれ，総合的な学習であれ，題材の展開はそのようなものでありたいものである。

●あなたは何を作りたいですか

こんなときにはどんな料理がいいだろう。
〔みんなで集まってパーティーを開きたいな〕
　　お好み焼きパーティ・おいもパーティ・
　　ギョウザパーティなど
〔さつまいもがたくさん取れたよ〕
　　ふかしいも・やきいも・スイートポテト・
　　さつま汁など
〔外国の友だちに日本の料理を紹介したい〕
　　卵焼き・茶わんむし・ちらしずしなど
自分にできそうなものをさがしてみよう。

●調理をはじめる前に

　調理をするにあたってとっても大切なことの一つが,調理を始める前の準備です。では，どんな準備が必要か見ておきましょう。

　まずは，手をきれいに洗うことです。みんなの手には，目には見えませんが，バイキンやよごれがたくさんついています。そのままの手でさわると,材料や調理に使う道具や食器にバイキンやよごれがつきますね。できるかぎり，石けんできれいに洗って，清けつにしましょう。

　次に，身の回りを清けつにすることです。手だけでなく，服や髪にもよごれがついています。そのよごれが落ちないようにも，エプロンや三角きんをしましょう。また，調理をする場所に行く前に，かならず手ではらうなど，できるだけ衣服のよごれは落としましょう。

　最後に，調理に使う道具や食器，調理台を清けつにしましょう。

　調理を始める前に，身の回りを清けつにすることは，おいしく安心して食べることができる料理を作ることにつながります。「清けつ」は，調理をする前のキーワードです。忘れないでください。

　さあ，準備はととのいました。いよいよ調理を始めよう。

◎初級編
・お好み焼き……………………(160)
・青菜とえびのいためもの……(162)
・ベーコンとキャベツのソテー …(164)
・ピザトースト ……………(166)
・スイートポテト………………(168)
・ふかしいも …………………(169)

◎中級編
・さつま汁………………………(170)
・ほうとう………………………(172)
・チャーハン……………………(174)
・卵焼き…………………………(176)
・だし巻き卵……………………(177)

・スパゲッティ・ナポリタン…(178)
・茶わん蒸し……………………(180)
・カスタードプディング………(183)
・とり肉のホイル焼き…………(184)

◎上級編
・おひたし………………………(186)
・しゅんぎくとえのきのレモン
　　　　　　　風味あえ………(188)
・よもぎだんご…………………(189)
・ギョウザ………………………(190)
・さけときゅうりのちらしずし …(192)
・いわしの梅干し煮……………(194)
・おでん…………………………(196)

身じたくを整えよう

料理に
かみが入るといけないので，三角きんをしたり，
長いかみはたばねましょう。

手はきれいに
石けんで洗いま
しょう。

手をふくタオル
を入れておくと
いいよ。

服についたよごれが食べ
ものにつかないよう，また，調理で服がよごれな
いようにするため，エプ
ロンもつけよう。

エプロンがないときは，
できるだけ，せいけつな服そうで調理しようね

調理をはじめる前に

初級編(1) ホットプレートで焼く

お好み焼き （約30分）

●おすすめポイント
・冷蔵庫にあるもの，いろいろ使えるよ。
・栄養バランスもバッチリ！
・小さいのをいっぱい作って，おやつにどうぞ。
・食べきれないときは，冷凍庫に。

材料 （1～2枚分）

- キャベツ……………… 2～3枚
  （直径20cm 4枚分くらい）
- 薄力粉 ………………… 30g
- 卵 ……………………… 1個
- 水 ……………………… 100ml
- 桜えび，ベーコンなど …… 10g
- 青ねぎ ………………… 2本
- 油 ……………………… 小さじ1
- 粉かつお，あおのり，
  紅しょうが，ソース……… 適量

準備するもの

・ホットプレート（またはフライパン） ・フライ返し ・さいばし
・まな板・ほうちょう・ざる・ボール・計量スプーン・計量カップ

作り方

◆材料の準備
① キャベツは洗って，千切りまたは，大きめのみじん切りにする。
② 青ねぎは，5㎜くらいの小口切りにする。
③ ボールに，薄力粉・キャベツ・青ねぎ・卵・水を入れ，ざっくりとまぜてタネを作る。まぜすぎると水気が出て，べたついてしまう。

◆焼く
④ ホットプレートが温まったら，油をしき，まぜ合わせたタネを丸く広げる。
⑤ その上に，粉かつお，桜えび，じゃこ，ベーコンなどをのせ，しばらく焼く。
　・しらす，きりいか，ちくわ，こんにゃく，チーズ，いろいろのせて焼こう。
⑥ 低めの温度でじっくり両面を焼いてでき

上がり。ぎゅうぎゅうと押さえつけないこと。
◆仕上げ
⑦焼き上がったら、ソースやあおのりをかけていただく。

調理のポイント

◆材料を切る
・キャベツは葉を2〜3枚重ねて丸め、折れない程度にしっかり押さえて、はしからていねいに切る。
・ほかの材料をまぜる場合にも、火の通りやすさを考えて、小さめに切る。大きすぎると、ころころして生地（きじ）が割れてしまう。

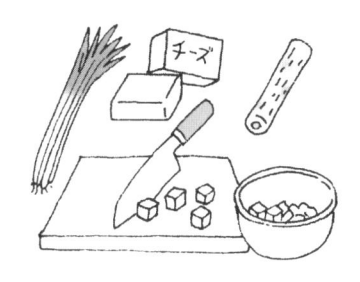

◆ホットプレートの温度
・温度の調節は、表示のとおりにする。

やってみよう

◎桜えびやさきいかのほかに、チーズやこんにゃく、ちくわも使えるよ。
◎家で作るときは、冷蔵庫に入っているぶた肉や生のえびなどを使ってみよう。
◎お好み焼きパーティーを開いてみよう。

豆知識

・広島焼き、ねぎ焼き、もんじゃ焼きなど各地にいろいろなバリエーションがある。韓国のチヂミも、イタリアのピザも生地（きじ）にいろいろな具をのせて焼くという点では共通している。
・具の種類を工夫すると、1枚で栄養のバランスがとれたよい食物になる。粉かつおやあおのりは、色どりだけで使うのではない。

広島焼き 　　　チヂミ 　　　ピザ

初級編 (1) ホットプレートで焼く

初級編(2) フライパンでいためる①

青菜と桜えびのいためもの （約15分）

●おすすめポイント
・青菜と桜えびの色がきれい。
・桜えびのかわりにちりめんじゃこを使ってもOK。
・いろいろな組み合わせができるよ。
・手早くさっとできるのがいいね。

材料 （2人分）
・青菜（こまつな，ほうれんそう，みずな，レタス） ……………… 1わ
・桜えび（ちりめんじゃこ）
　…20g（ふたつかみくらい）
・油…………………大さじ2はい
・塩，こしょう………………少々

準備するもの
・フライパン（直径25cmくらい）　・フライ返しまたはさいばし
・まな板　・ほうちょう　・ざる　・計量スプーン

作り方

◆材料の準備
① 青菜は根の部分をよく洗って，砂を落とす。
② ざるにあげてよく水気を切る。
③ 5～6cmくらいの大きさに切る。根元の太い部分は切り込みを入れておく。
※桜えび，ちりめんじゃこなどは熱湯をかけ，湯通しするのもよい。

◆いためる
④ フライパンをコンロにのせ，点火する。（火かげんは強火）フライパンに手をかざして温かさを感じたら，油を入れ，煙が少し出るまで熱する。
⑤ 水滴がフライパン内に落ちないように気をつけて，一気に青菜を入れる（油はねに気をつけて）。根元の部分をしっかりいためる。
⑥ 葉や茎が濃い緑に変わったら桜えびを加えて1分くらいいためる。
⑦ 塩，こしょうで味つけをして，皿に取る。

調理のポイント

◆青菜を洗う
・根の部分に砂をかんでいるので，流水をかけながらよく洗う。

◆いためる
・強火で手早く加熱すること。
・油がはねやすいので，青菜を入れるときには注意をする。
・フライパンは大きめの方がいためやすい。

◆味をつける
・桜えびの塩分があるので，塩は味を見ながら加える。

やってみよう

◎いためる油をバターやごま油にすると香りがよくなるよ。
◎レタスをいためて，しょうゆ味でもおいしい。
◎チンゲンサイを使って中華風あんかけは？

豆知識

・青菜にはカロチンが多く含まれている。カロチンは，からだの中でビタミンAにかわる成分である。油にとけやすい性質があるので，油を使って調理をすると吸収されやすくなる。
・カロチンを多く含む食品は，にんじん，しゅんぎく，にら，ほうれんそう，だいこんの葉，タアサイ，チンゲンサイ，モロヘイヤなど色の濃い野菜が多い（これらの野菜を緑黄色野菜という）。
・桜えびやちりめんじゃこ，しらす干しなどには，骨や歯をじょうぶにするカルシウムが多く含まれている。おひたしにまぶしたり，卵焼きに入れたり，ご飯にまぜたりして手軽に利用しよう。ただし，かなり塩分が含まれているので，味つけには気をつける。

　　桜えび20gに含まれるカルシウムの量：400mg
　　12歳の子どもが1日に必要なカルシウムの量：700mg

・桜えびは，日本では静岡県駿河湾でだけ水揚げされている。カルシウムのほかにマグネシウム，リン，鉄，銅，亜鉛などの無機質を豊富に含んでいる。素干しのもののほか，生や釜あげのものを使ってもおいしい。

初級編 (2) フライパンでいためる②

ベーコンとキャベツのソテー （約25分）

●おすすめポイント
- ベーコンの油でいためよう。
- かりかりベーコンとしんなりキャベツ，じゅわっとベーコンにしゃきしゃきキャベツ，いろんないため方を組み合わせることができるよ。
- 味つけはひかえめに。

材料 （1人分）
- ベーコン……………………1枚
- キャベツ……………………2枚
- こしょう……………………少々

準備するもの
- フライパン（直径25cmくらい）
- まな板　・ほうちょう　・ざる
- フライ返しまたはさいばし

作り方

◆材料の準備
① キャベツ2枚をよく洗う。
② ざるにあげて水気を切っておく。
③ しんの部分は薄く切る。ほかは，1～2cmのたんざく切りにする。
④ ベーコンは，1cm幅に切る。

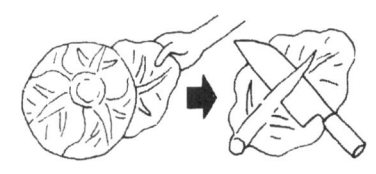

◆いためる
⑤ フライパンをこんろにのせ，点火する（火かげんは中火）。フライパンに手をかざして温かさを感じたら，ベーコンを固まらないように入れる。
⑥ しばらくそのままで加熱する。ベーコンから出る油でいためる。油が多いときはキッチンペーパーなどで吸い取る。
⑦ ベーコンの色が変わり，自分の思ういため具合になったら，キャベツを加える（油はねに気をつける。）
⑧ キャベツがやわらかくなり，好みのいため具合になれば，こしょうをひとふりして，火を消す。

調理のポイント

◆**材料を切る**
・キャベツは1枚ずつ葉をむいて，しっかり洗ってから切る。
・まな板が1枚しかないときは，キャベツとベーコンで切る面をかえる。または，先にキャベツを切ってから，ベーコンを切る。

◆**いためる**
・強火で手早く加熱すること。
・油がはねやすいので，キャベツを入れるときには注意をする。
・フライパンは大きめのほうがいためやすい。

◆**味をつける**
・ベーコンの塩分があるので，塩は味を見ながら加える。

やってみよう

◎ベーコンのかわりにウィンナーソーセージで作ってみよう。
◎かんづめや冷凍のとうもろこしを加えると，色どりがきれいになるよ（冷凍のとうもろこしは先にゆでておき，キャベツの後に加える）。
◎アスパラガスやブロッコリー，カリフラワーなどでも，下ゆでをしておけば，同じようにして調理できるよ。

豆知識

・キャベツに含まれるビタミンCは水にとけやすい。切った後のキャベツは，水に長くつけておかない。千切りキャベツをシャキッとさせたいときは，盛りつける直前に氷水にさっとつける。
・キャベツのしんにもビタミンCは多く含まれている。すててしまわずに，しっかり食べよう。
・ベーコンは，ぶたのばら肉を長方形に整形し，塩づけ，くん製したもの。ハムは，もも肉やロース肉を塩づけ，くん煙したもの。ソーセージは，ハムやベーコンを作った残りのぶた肉やその他の畜肉を細かく切り，味つけして，動物の腸につめて作ったものである。

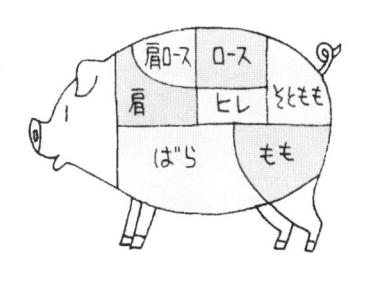

初級編（3）トースターで焼く

ピザトースト （約10分）

●おすすめポイント
- いそがしい朝の，お手軽メニュー。
- チーズみたいに後引くおいしさ。温かいうちに食べよう。
- いろんな具をのせて，ピザパーティーを開こう！

材料 （1人分）
- 食パン……………………………………………………………1枚
- バター，またはマーガリン……………………………………少量
- ピザソース（ケチャップでもよい）……………………大さじ1～2
- とけるチーズ（ナチュラルチーズ）……………………………30g
- 好みの具（数種）………………………………………………適量

準備するもの
- オーブントースター ・バターナイフ ・はかり ・計量スプーン
- 好みの具の調理に必要なもの

作り方

◆材料の準備
① バターをうすくぬったパンに，ピザソースをのばす。

◆焼く
② 好みの具をのせ，チーズを全体にふりかけ，オーブントースターで2～3分焼く。
③ チーズがとけて，パンにうすくこげ色がついたらでき上がり。

第5章　基本的な調理の技術を学ぶ

調理のポイント
- バターが固くぬりにくいときは，電子レンジで少し加熱してやわらかくする。
- オーブントースターからピザトーストを取り出すときは，パンやとけたチーズがかなり熱いのでやけどに注意する。
- チーズがオーブントースターについてしまったときは，オーブントースターを十分にさましてからチーズを取ると，取れやすい。

やってみよう
◎ スライスマッシュルーム，ゆで卵，うす切りのたまねぎ（水にさらしたもの），うす切りのピーマン，ツナ，マヨネーズなどをのせてもおいしい。
- パンの厚さや形をかえてみよう。

考えてみよう
- とけるチーズととけないチーズはどうちがうのかな？

豆知識
- パン生地（きじ）といっしょに練り込まれたイーストのアルコール発酵（こう）でできたガスが生地をふくらませる。
- ピザはイタリア南部ナポリ地方の伝統食。イタリアのピザはあまり具をのせず，トマト，モッツァレラチーズ，バジルだけのシンプルなものが原則である。イタリア系移民とともにピザがアメリカへ渡ると，自由の国アメリカの空気に触発（しょく）され，新しいトッピングが考えられるようになった結果，一枚でいろんな味と出会え，見た目にもはなやかで陽気なピザが生み出された。

＜ピザ・マルゲリータ秘話＞
- ピザが食の歴史に登場するのは19世紀以降のこと。ピザの名を高めるのには一人の王妃が深くかかわっていた。その王妃の名はマルゲリータ。彼女は庶民の食べているピザにたいへん興味を持ち，1889年6月ナポリの有名なピザ職人，エスポジトを呼び作らせることにした。このとき，エスポジトが王家に敬意をはらい，トマトソースとバジル，モッツァレラチーズでイタリアの国旗（赤・緑・白）を表したピザを作り，これに「ピザ・マルゲリータ」と名づけたといわれている。

（考えてみようの答）とけるチーズは脂肪の球が大きく，熱を加えるとふくらんでさらに他の球とくっつき，どんどん大きくなって，とろけていく。

初級編 (3) トースターで焼く

初級編 (3) トースターで焼く －応用－

スイートポテト（約40分）

◆**材料の準備**（5個分）
① さつまいも（1kg）の皮をむき，2cmくらいの輪切りにした後，水にさらしておく。
② はしがすっと通るくらい柔らかくなるまで蒸す。
③ 熱いうちに裏ごしする。
④ バター（50g）を溶かしたなべに③を入れてよくまぜた後，さらに砂糖（100g），生クリーム（40ml），卵黄（2個分），バニラエッセンス（少々）を加えて十分にまぜる。
⑤ アルミカップに④をしぼり入れ，表面に卵黄をぬる。

◆**焼く**
⑥ 表面にこげ色がつくまで，オーブントースターで焼く。

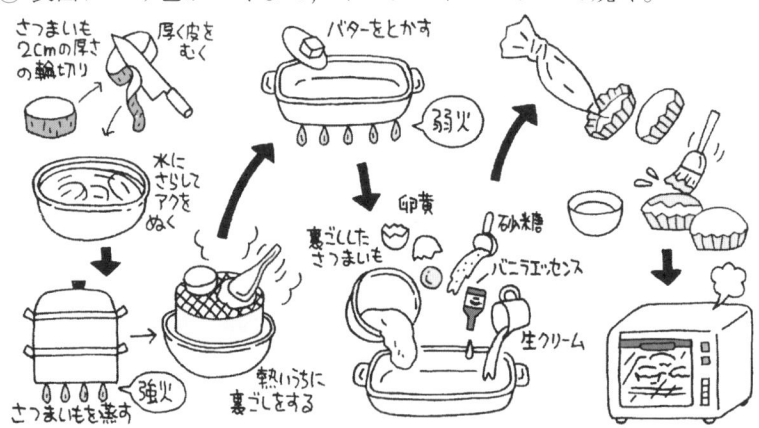

［参考］やきいも作り

① さつまいもをよく洗う。
② 大きいものはたて半分に切り，アルミホイルで包む。
③ オーブントースターに入れ，約30分加熱する。
④ 竹ぐしがすっと通るくらいやわらかくなったらでき上がり。

初級編(4) 蒸し器で蒸す

ふかしいも （約30分）

●おすすめポイント

- ・たくさんのいもを調理するのに便利です。
- ・さつまいも，じゃがいもどちらでもおいしいよ。
- ・あつあつをおやつにどうぞ。

材料 （1人分）

- ・さつまいもやじゃがいも……………………………1/2本から1本
- ・バター……………………………………………………… 10 g

準備するもの

- ・蒸し器 ・ふきん ・さいばし ・皿

作り方

◆材料の準備

① さつまいもやじゃがいもを水でよく洗う。
　土などがついている場合は，たわしやスポンジで軽くこすって，土を落とす。
② 適当な大きさに切る。そのままでもよいが，蒸し上がるまで時間がかかるので，2つぐらいに切るとよい。

◆加　熱

③ 蒸し器に水を入れてこんろにかけ，湯気が上がるまで待つ。
④ 上の段に皿に入れたいもを置く。
⑤ かわいたふきんを蒸し器に広げてかけ，ふたをする。
⑥ 強火で20分加熱する。
⑦ 火を止め蒸し器から出し，皿に盛り，バターなどをそえる。

調理のポイント

◆材料を切る

・生のさつまいもは固いので，切るときは注意する。

◆加熱する

・十分に火が通ったか，はしなどをさして確かめるとよい。

中級編 (1) なべで汁ものを作る

さつま汁 （約35分）

●おすすめポイント

・具たくさんで栄養満点！
・寒いときにあたたまるよ。
・いろいろな材料を使って作ってみよう。

材料 （1人分）

- ぶた肉 …………………… 25g
- にんじん ………………… 10g
- だいこん ………………… 20g
- さつまいも ……………… 20g
- ごぼう …………………… 5g
- ねぎ ……………………… 5g
- 水 ………………………… 200ml
- みそ ……………………… 12g

準備するもの

・なべ ・玉じゃくし ・さいばし ・ざる ・計量スプーン

作り方

◆材料の準備

① ごぼうは洗って，皮はこそげ（皮はうすいのでほうちょうの背で落とす），ささがきにして，水につけておく。
② にんじん・だいこんは皮をむいて，いちょう切りにする。
③ さつまいもは皮をむかずに，厚さ0.5cmくらいの輪切りにする。

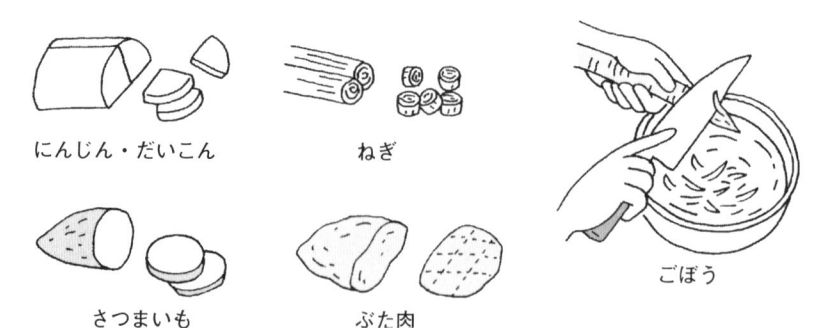

にんじん・だいこん　　ねぎ　　ごぼう

さつまいも　　ぶた肉

④ ねぎは洗って，小口切りにする。
　⑤ 豚肉は2cm四方に切る。
◆**なべで煮る**
　① なべに分量の水を入れて，火にかける（強火）。
　② ふっとうしたら，ぶた肉，水を切ったごぼう，にんじん，だいこんを入れて煮る。あくが出てきたら，玉じゃくしですくい取る。
　③ 野菜がやわらかくなったら，中火にして，みその半量を汁でとき入れる。
　④ さつまいもを加え，やわらかくなり始めたら，残りのみそをといて入れる。
　⑤ 最後にねぎを加え，火を止める。

調理のポイント

- 野菜の大きさを考えて，切り方を工夫しよう。
  ささがきは，ピーラー（皮むき器）を使うと早くできる。
- 火の通りにくい野菜から煮ること。
- 残りのみそを加えてからは，加熱しすぎないように気をつける。

やってみよう

- さつまいもは，さといもでもおいしいよ（さといもは土のついたまま皮をむく。ぬめりがあるので，塩分をふくむ調味料と加熱する）。
- 冷蔵庫にある材料で作ってみよう。

考えてみよう

- ごぼうを水につけておくのはどうして？
- みそを2回にわけて入れるのはどうして？

豆知識
- さつま汁は，薩摩地方（今の鹿児島県）の郷土料理。本来は薩摩鶏（とり）を用いる。闘鶏（とうけい）で負けた鶏を汁にしたのが始まりとか。とり肉かぶた肉と野菜を煮こみ，みそで味つけしたもの。
- みそは蒸した大豆に麹（こうじ）と塩を加えて，発酵させた中国伝来の調味料。

（考えてみようの答）・あくが出て変色するので，水につけてさらしておこう。
　　　　　　　　　・1回目のみそは，具に味をしみ込ませるため。2回目は，みその風味を残すために分けて入れるとよい。

中級編(1)　なべで汁ものを作る

中級編（1）なべで汁ものを作る－応用－

ほうとう （約45分）

◆材料の準備
 ［めん］
 小麦粉（中力粉）…300g
 水 …………150ml
 塩 …………… 5g
 打ち粉………適量

 ［具］
かぼちゃ………200g	だいこん………100g	水……………1,600ml
にんじん………80g	しめじ…………100g	煮干し …………50g
ごぼう…………60g	長ねぎ…………60g	みそ……………120g
じゃがいも……160g	ぶた肉…………100g	ねぎ ……………60g

◆準備するもの
 ・なべ　・ボール　・めん棒

◆めんを作る
 ① 小麦粉をボールに入れ，塩水を加えてこねる。
 ② 耳たぶほどの固さになったら，ぬれふきんをかけ，30分ねかす。
 ③ 打ち粉をして，めん棒でうすくのばす。
 ④ のばした生地を折りたたんで，7㎜幅に切る。

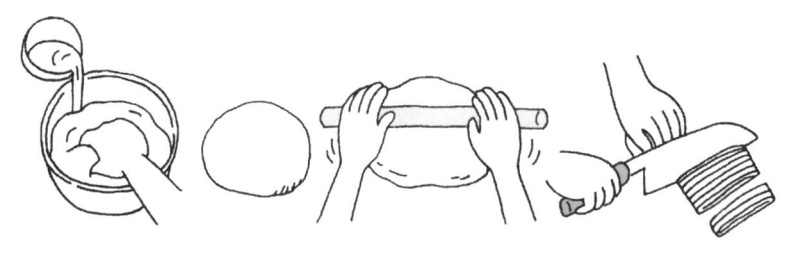

◆材料を切る
 ・かぼちゃはくし形切りにする。
 ・じゃがいも，だいこん，にんじんは皮をむいて，大きさによって半月切り，またはいちょう切りにする。
 ・ごぼうはささがきにして，水につけておく。

- 長ねぎは斜め切りにする。
- しめじはいしづきを取ってほぐす。
- ぶた肉は食べやすい大きさに切る。

◆煮　る
① なべに水を入れ，頭とはらわたを取った煮干しを加えて，火にかけ，10分ほど煮出して，ふきん（ペーパータオル）でこす。
② ①の煮出し汁をなべに入れ，煮えにくいものから順に入れて，強火で煮る。
③ 材料がやわらかくなったら，みその半量を入れ，さらにほうとう（めん）を生のまま入れて煮込む。
④ ほうとうが煮えたら，残りのみそを加え，小口切りにしたねぎを入れ，ひと煮立ちさせて，火を止める。

豆知識

- 「ほうとう」は甲州地方（甲斐の国―今の山梨県）の郷土料理。
　米がとれない甲斐の国で，小麦粉とみそで作れる「ほうとう」を食べるようにすすめたのは武田信玄だといわれ，戦時の野戦食としても重宝されていた。
　　小麦粉に食塩を加えない生地をめん棒でのばし，手打ちうどんより幅広く切る。かぼちゃ・にんじん・ごぼう・だいこん・しめじなどとみそでよく煮込むと，汁がしみ込んだ独特の風味と柔らかい歯ざわりが楽しめる。

- 「だご汁」はだんご汁ともいわれ，全国各地に見られる。大分県や熊本県の郷土料理として有名である。
　　「ほうとう」とは違い，小麦粉をこねて，手で指の太さくらいに長く丸めて平たくのばしながら，なべに入れて，季節の野菜とみそで煮込んだものである。
　　自分たちの郷土の料理をさがしてみよう！

中級編 (2) 中華なべでいためる

チャーハン （約15分）

●おすすめポイント
・ご飯をいためて，中華料理に大変身！
・いろいろな材料をいためよう。

材料 （1人分）

- ご飯 …… 150 g（茶わん1杯分）
- 干ししいたけ …… 2.5 g
- ハム …… 1枚
- 卵 …… 1個（40 g）
- にんじん …… 20 g
- ねぎ …… 10 g
- グリーンピース …… 少々
- ラード …… 大さじ2
- しょうゆ …… 小さじ1／2
- 塩 …… 少々
- こしょう …… 少々

準備するもの

・中華なべ ・さいばし ・ざる ・ボール ・ほうちょう ・まな板
・計量スプーン

作り方

◆材料の準備
① 米を分量の水でたき，ご飯をほぐして，さましておく（残りご飯でもよい）。
② 干ししいたけは水でもどす。グリーンピースは湯に通す。
③ ハムを0.5cm角に，にんじん，しいたけを0.5cmのさいの目に，ねぎを小口に切る。
④ 卵に塩を一つまみ入れて，ときほぐす。

◆中華なべでいためる
⑤ 中華なべを強火にかけ，半分のラードを加える。十分熱くなったら（けむりが出てくるまで），卵を入れてはしですばやくかきまぜ，別にあげておく。

⑥ 再び中華なべに半分のラードを熱し，ねぎを加えすばやく熱する。次にハム，にんじん，しいたけをいため，塩とこしょうでを味つける。
⑦ ほぐしたご飯を加えていためる。次に⑤の卵を加えていためる。
⑧ ご飯がばらばらにほぐれたら，なべはだにしょうゆを回して入れて（なべのふちに沿わせるようにしてしょうゆを流し入れること），まぜる。
⑨ 皿に盛り，グリンピースを散らす。

調理のポイント

・材料をこげつかないように，手早くかきまぜながらいためる。
・ねぎをはじめにいためたり，しょうゆをなべはだに入れるのは，よい香りをつけるためである。

やってみよう

◎ハムのかわりに焼きぶたなどの材料を工夫してみよう。
◎おうちにある材料で作ることができるよ。
◎残りご飯で作ってもおいしいよ。

考えてみよう

・たきたてのご飯と冷たくなったご飯はどうちがうかな？

豆知識

・チャーハンは，中国料理である。漢民族には，冷たいご飯を食べる習慣がなかったので，冷たいご飯を温めるために油でいためたことに始まる。
・チャーハンとピラフは一見似ているが，決定的なちがいがある。チャーハンはたき上がったご飯を具になる材料といっしょに油でいためる。これに対してピラフは，具になる材料とご飯をスープでいっしょにたき上げる。作り方に大きなちがいがある。

(考えてみようの答) 冷えたご飯は，たきたてのご飯とちがって，ねばり気がなくなり，ばらばらしている。固くなってしまい，あまりおいしくない。それは，たきたてのご飯のでんぷんはアルファでんぷんと呼ばれるものであるが，冷えることでベータでんぷんに変わってしまうからである（これをでんぷんの老化という）。ベータでんぷんとは，ちょうど生のいもと同じ性質のでんぷんで，固くて水分が少ない。

中級編 (3) 卵焼き器を使う

卵焼き （約15分）

●おすすめポイント
・お弁当のおかずに最適！
・味つけ，材料を工夫して，いろんな卵焼きが楽しめるよ。

材料 （1人分）

・卵……………………… 2個　　・油……………………………少々
・調味料……………自分の好みで（塩，しょうゆ，砂糖，こしょう等）

準備するもの

・卵焼き器　・油引き　・ボール　・さいばし　・フライ返し

作り方

◆材料の準備
① 卵はボールに割り，あわ立てないようにさいばしをボールの底につけて，よくほぐす。
② 調味料を加えて，よくまぜる。

◆卵を焼く
③ 卵焼き器を熱し，手を近づけてほんのり卵焼き器が温まったら，油引きで全体に油をなじませる。火かげんに注意しよう。
④ 卵焼き器に1／4〜1／3くらいの卵液を入れ，卵焼き器を動かして厚みを均等にする。

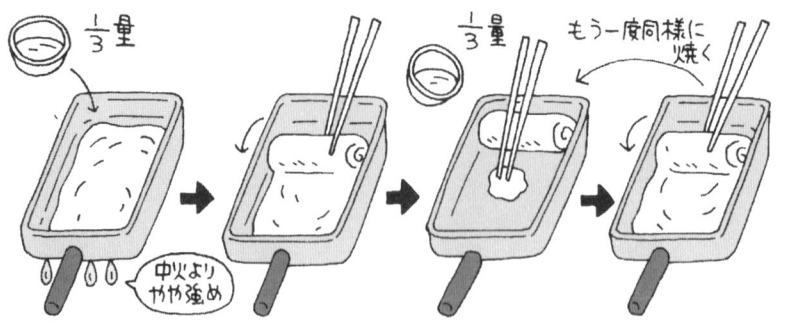

⑤ 表面が半熟状態になったら，向こう側からはしを入れて，手前に巻いてくる（手前から巻いてもよい）。
⑦ 卵焼き器のあいたところに油を引き，巻いた卵を向こうによせる。
⑧ 手前にも油を引き，卵液を流す。はしで卵を少し持ち上げて下まで卵液がいきわたるように流す。
⑨ もう一度，同じように焼く。

調理のポイント

・卵焼き器はよく油をなじませること。油引きがなければ，ガーゼや脱脂綿，キッチンペーパーに油をふくませて引くとよい。
・さいばしで卵をうまく巻けないときは，フライ返しを使ってみる。

やってみよう

・巻くときに，のりをはさんで巻いてみよう。
・にんじんやパセリを細かくみじん切りにしたものを加えて焼いてみよう。きれいな卵焼きができるよ。

中級編 (3) 卵焼き器を使う－応用－

だし巻き卵 （約20分）

◆**材　料**（1人分）
　・卵……………………2個　　・塩………………………少々
　・だし汁………………30ml　　・薄口しょうゆ ……小さじ1／4
　・みりん………………小さじ1

◆**作り方**
　① 卵をほぐしてから，ほかの材料を加える。
　② 卵焼きと同じように焼き，まきすで巻いて形を整えてから，切り分ける。

豆知識

・卵料理で分量を計算するときは，1個50gで計算しよう。
・卵は，栄養価が高く，価格が安定している食品の一つである。
・だし巻き卵は，だし汁，みりん，塩，しょうゆで調味し，だしの風味を生かした卵焼き。

中級編 (4) なべでゆでてフライパンでいためる

スパゲッティナポリタン （約30分）

●おすすめポイント
・野菜の切り方を工夫しよう。
・スパゲッティのゆでかげんは，アルデンテ
・冷蔵庫にある材料をいろいろ使えるよ。

材料 （1人分）

- スパゲッティ ……………100g
- ハム………………………2枚
- にんじん…………………1／6本
- ピーマン…………………1個
- たまねぎ…………………1／6個
- ケチャップ………大さじ2〜3
- 油…………………………大さじ1
- 塩，こしょう……………少々

準備するもの

- なべ（直径30cmくらい，深め） ・フライパン（直径25cmくらい）
- さいばし ・フライ返し ・まな板 ・ほうちょう ・ざる

作り方

◆材料の準備
① 深めのなべに7分目ほどの湯をわかし，スパゲッティをゆでる。ゆでかげんは，説明書をめやすにやや固めに。
② ハムは，幅1cm，長さ5cmくらいのたんざく切り，野菜は0.5cm幅の千切りにする。

◆いためる
③ 熱したフライパンに油を入れ，全体に広げる。野菜を入れ，しんなりするまでいためる。

こんななべがあると便利

④ ハムとスパゲッティを加え，野菜とよくまざるようにいためる。
⑤ ケチャップを加え，全体にからめる。塩，こしょうで味をつけ，火を消す。

調理のポイント

◆スパゲッティをゆでる
・ゆでた後でまた加熱する（いためる）ことを考えて，少し固めにしておく。標準的なゆで時間は包装材に書かれているので，それを参考にする。ゆで上がったら，熱湯に気をつけてざるにあけ，水気を切る。なべかボールに移し，少量のサラダ油（分量外）をふり，まぜておく。

◆野菜を切る
・固さを考えて，火の通りやすい大きさにする。

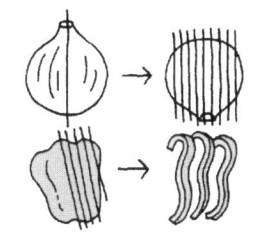

◆味をつける
・ケチャップで味つけをした後，味をみる。十分であれば，塩は使わない。

やってみよう

◎ケチャップのかわりにトマトソースを使う方法もある。5〜6人分作るのなら，かんづめを使っても便利だよ。
◎卵黄と生クリームをまぜたものであえると，カルボナーラ。たらこをまぜると，たらこスパゲッティ。いろいろ工夫してみよう。
◎スパゲッティを中華めんにかえると，焼きそばもできるよ。

豆知識

・スパゲッティはイタリア料理の代表であるが，ほかにどんな料理があるだろう？　ほかの外国料理も調べてみよう。
・スパゲッティやマカロニなどをイタリアではパスタという。どんな種類があるのか調べてみよう。

| エリーケ | ファルファーレ | ペンネ |

・スパゲッティもうどんも小麦粉を練って作られている。こしのある，おいしいめんになるには，小麦粉に含まれているグルテンの働きが欠かせない。このグルテンを取り出して作ったものが「ふ」。小麦粉はグルテンを含む量のちがいで，薄力粉，中力粉，強力粉に分けられている。

中級編(4)　なべでゆでてフライパンでいためる

中級編 (5) 蒸し器で蒸す①

茶わん蒸し （約30分）

●おすすめポイント

・体があたたまって，冬のメニューに最適！
・蒸すだけでOK！いろいろな具を入れて作ろう。

材 料 （5人分）

- 卵‥‥‥‥‥‥‥150g （3個）
- とり肉（もも）‥‥‥‥‥100g
- うす口しょうゆ‥‥‥‥‥少々
- かまぼこ‥‥‥‥‥‥‥1／2枚
- 生しいたけ‥‥‥‥50g （5枚）
- みつば‥‥‥‥‥‥‥‥‥5本
- 煮出し汁‥‥‥‥‥‥‥450ml
  - 水‥‥‥‥‥‥‥‥‥550ml
  - こんぶ‥‥‥‥‥‥11〜27g
  - かつおぶし‥‥‥‥11〜27g
- 塩‥‥‥‥‥‥‥‥小さじ1弱
- うす口しょうゆ‥‥‥小さじ1

準備するもの

・蒸し器 ・なべ ・ボール ・あみじゃくし（キッチンペーパー）
・計量カップ ・ふきん ・温度計

作り方

◆材料の準備

① なべに水500ml，切り目を入れたこんぶを火にかける。ふっとう直前にこんぶを取り出す。
② ①にかつおぶしを加え，再びふっとうしたら火をすぐに止める。しばらくそのまま置いておく。
③ ボールにふきんまたはキッチンペーパーをしいて，②の液をこす。
④ さましておく。
⑤ 材料を切る。

・とり肉はそぎ切りにし，うす口しょうゆをふりかけておく。
・かまぼこは板からはずし，食べやすい厚さに切る。

・生しいたけは洗って，いしづきを取り，大きければ半分に切る。
・みつばは洗って，根は切り落とす。
　　じくは長さ1cmに，葉はそのままで使う。
⑥ ボールに卵3個を割り，さいばしの先を底につけてまぜる。さました煮出し汁を計量カップで450ml計り入れ，塩小さじ1，うす口しょうゆ小さじ1を加え，よくまぜる。
⑦ ⑥をあみじゃくしかキッチンペーパーでこす。
⑧ 蒸し茶わんに具を入れ，卵液⑦をそそぎ，表面のあわをつぶしておく。

◆蒸し器で蒸す
① 蒸し器を用意し，火にかけておく（強火）。
② 蒸気が上がったら，蒸し茶わんを入れ，85～90℃に保ち，約10分間蒸す。温度計で測って調整する。
③ 竹ぐしでさして，透明な汁が上がってくれば，でき上がり！

調理のポイント

・卵と煮出し汁の割合は，1：3が適当。
・温度の保ち方…90℃以上になったら，火を弱くするか，蒸し器のふたをずらして蒸気を逃がすこと。
・温度計を使わないときは，蒸し茶わんを入れたあと弱火にして，蒸し器のふたを少しずらして10～15分蒸す。または，新聞紙をふたがわりに置き，静かに蒸気が出るくらいの火力を保ち，約10分蒸す。

考えてみよう

・蒸す前にあわをつぶしておくのは，どうして？

豆知識

・100℃の高い蒸気で蒸すと，穴のあいた状態で熱ぎょう固（加熱することによって固まること）してしまう。この状態を「すだち」という。そのため，蒸す温度に気をつけること。

（考えてみようの答）そのまま蒸すと，あわの型が残ってしまう。なめらかな表面に仕上げるために，竹ぐしなどでつぶしておこう。

やってみよう

―電子レンジでも作ってみよう―
◎「茶わん蒸し」のメニュー表示がある場合は，共ぶたをしてスイッチを押して加熱。加熱後，庫内から出し，約5分蒸らす。
◎150～180Wで1わんなら7～8分，4わんなら，25～28分加熱する。

―おもてなし料理の茶わん蒸し―
◎具や切り方を工夫する。
・えび，焼きあなご，ゆり根，ぎんなん，ゆずなどを使う。
　・えび…背わた，頭，からを取る。酒，塩につけておく。
　・ゆり根…洗って，ゆでておく。
　・ぎんなん…からを割り，少量の湯の中でころがしてうす皮をむく。
　・しいたけ…かさにかざりほうちょうを入れる。
　・みつば…さっとゆでて，結びみつばにする。

―ボリュームアップの茶わん蒸し―
◎うどんを入れて，小田巻き蒸し
・卵液：下準備は茶わん蒸しと同じで，大きめの茶わんにうどんを加えて，卵液を7分目入れ，茶わん蒸しと同じ要領で蒸す。消化もよく，夜食の一品には最適。

中級編 (5) 蒸し器で蒸す②

カスタードプディング （約30分）

●おすすめポイント
・手作りおやつの決定版！
・栄養満点。
・盛りつける器を工夫したり，果物でかざってもいいよ。

材料 （5～6人分）

- 卵 ……………………150g（3個）
- 牛乳 ……………………300g
- 砂糖 ……………………40g
- バニラエッセンス…………少々
- バター ……………………少々

[カラメルソース]
- 砂糖……………………30g
- 水 ………………………20ml
- のばし用の水 ………25～30ml

準備するもの

・厚手のなべ　・ボール　・蒸し器　・うらごし器　・プディング型
・さいばし　・計量カップ

作り方

① プディング型の内側にバターを薄くぬる。
② カラメルソースは厚手のなべに砂糖と水を入れて火にかけ，かきまぜないで煮立たせ，茶褐色にこげてきたら，火からおろす。のばし用の水を加え，さらに火にかけてとかす。
③ ①にカラメルソースを入れる。
④ ボールに卵をあわ立てないようにとき，砂糖を加えてよくまぜる。牛乳を少しずつ加え，さらにまぜ合わせる。うらごし後，バニラエッセンスを2，3滴加えて香りをつける。
⑤ プディング型に④をそそぎ，茶わん蒸しと同じように（85～90℃で約10分）蒸し器で蒸す。

中級編(6) オーブントースターで焼く

とり肉のホイル焼き (約30分)

●おすすめポイント
・いろいろなものを包んで焼けるよ。
・人気のマヨネーズ味です。
・ボリュームがあってかんたん。
・オーブントースターで調理できる料理です。

材料 (1人分)
- とりのささみ……………2切れ
- たまねぎ………………1/8個
- ピーマン………………1/4個
- マヨネーズ…………大さじ2杯
- しょうゆ…………………少々
- サラダ油…………………少々
- レモン……………輪切り1枚

準備するもの
・ほうちょう　・まな板　・アルミホイル　・ボール
・オーブントースター　・なべつかみ

作り方

◆材料の準備
① たまねぎは，うすいくし切り，ピーマンはへたと種を取ってたて半分に切ってから横幅3㎜ぐらいに切る。
② とりささみをそぎ切りにして，しょうゆで下味をつける。
③ アルミホイルにサラダ油をぬる。
④ アルミホイルにとり肉を入れマヨネーズをかける。
⑤ たまねぎとピーマンをマヨネーズの上に散らす。

◆焼く
⑥ オーブントースターを温めておく。
⑦ 180℃ぐらいで約3分焼く。クッキングタイマーのあるものは，「グラタン」の目盛りに合わせて焼いてもよい。
⑧ 焼けたら，ホイルの上部を広げて，レモンをかざる。

調理のポイント

◆**材料を切る**
・ささみは，新鮮なものを選び，一口ぐらいの大きさにそぎ切りにする（そぎ切りについては，茶わん蒸しの項を参照のこと）。

◆**加熱する**
・オーブンレンジを使ってもよい。うまく焼くためには，焼けぐあいを見ながら，少しずつ加熱時間を追加していくとよい。
・十分に火が通ったか，くしなどをさして確かめるとよい。よいにおいがし，軽くくしがささり，肉汁が透明であれば焼けている。くしをさした穴は，マヨネーズをたしたりしてかくす。

やってみよう

◎アルミカップに入れて焼くと，お弁当のおかずに使えるよ。
◎ココットという容器に入れて焼くと，ちょっとごうかな一品に。
◎アルミホイルでくるむので，バーベキューやアウトドアの料理にもむいている。

豆知識

・オーブンは，右の図のように，直接食材に火が当たらない。回りのかべからの熱でじっくり加熱するので，大きな固まりの肉でも，しんまで火が通る。
・オーブントースターは，火がじかに当たる。表面から高温になるので，こげ目がつきやすい。
・電子レンジは，マイクロ波が食品のなかの水分をゆすって，熱を出す。そのため，こげ目がつかずに加熱調理ができる。
・オセアニアでは，熱した石で野菜や肉を蒸して食べる料理法が伝わっている。

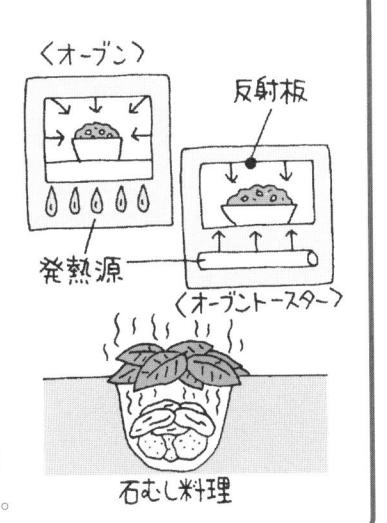

〈オーブン〉
反射板
発熱源
〈オーブントースター〉
石むし料理

上級編(1) なべでゆでる

おひたし〜ゆでキャベツのからしじょうゆあえ〜 （約30分）

●おすすめポイント
・日本食の基本,「一汁三菜(いちじゅうさんさい)」には欠かせないよ。
・お湯をわかせば, すぐできるよ。
・いろんなものをあえてみよう。
・冷蔵庫にある葉もの野菜で作ろう！

材　料　(1人分)
・キャベツ……………1〜2枚　　・だし……………………小さじ1
・しょうゆ……………小さじ1　　・からし…………………………適量

準備するもの
・なべ　・さいばし　・ざる　・ボール　・ほうちょう　・まな板
・計量スプーン

作り方

◆材料の準備
① キャベツを洗う。

◆ゆでる
② たっぷりの熱湯にひとつまみの塩を加え, 葉の固い部分から湯に入れて1〜2分ゆでる。
③ 水にとって冷ます。

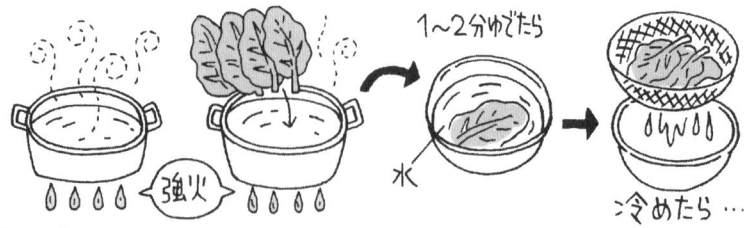

◆仕上げ
④ キャベツをしぼって, 3cmくらいに切る。
⑤ しょうゆとだしを合わせ, からしをとき, キャベツをあえる。

第5章　基本的な調理の技術を学ぶ

調理のポイント

・水っぽくなり風味をそこなうだけでなく，水溶性ビタミンも失われるので水につけすぎない。
・熱湯に入れる塩の量は3本指でつまめるくらいが適量。
・ゆでるときは，固いしんや茎から湯に入れる。
・キャベツから水分が出るため，食べる直前にからしじょうゆであえる。

やってみよう

◎キャベツをほうれんそうやこまつなにかえてもよい。
◎かつお，しらす，ゆかりをあえると，さらにおいしくなる。
◎からしじょうゆのかわりに，好みのドレッシングであえてもよい。

豆知識

<あくぬきの一石二鳥>
　野菜の中にはそのまま食べるとにがかったり，渋かったりするものがあるが，その原因はあく(灰汁)である。あくは体にもわるく，胆石（胆のうに石がたまる病気）の原因にもなる場合もある。いろいろな野菜のあくぬき方法を調べて，健康的でおいしい料理にちょう戦してみよう！

<野菜は健康の強い味方！>
　野菜には食物繊維が多く含まれている。食物繊維は，満腹感をもたらして食べすぎを防いだりお通じをよくするだけでなく，腸内の有害な物質をまきこんで排出してくれる健康の味方なのである。
　また，野菜は色のうすい「淡色野菜」と，色のこい「緑黄色野菜」に分けられる。特に緑黄色野菜はカロチンを多く含んでおり，カロチンは体内でビタミンAにかわり，のどや消化管の粘膜，皮ふを健康に保つ働きをする。目の疲れや夜盲症などにもきくことも知られており，不足するとはだがかさつき，ふき出ものが出やすくなったり，体の不調の原因になったりもする。また，年齢とともに動脈硬化や心筋梗塞，老化などを促進させる活性酸素の発生をおさえる酵素の働きが低下していくが，カロチンはそれをおぎなう働きもしている。
　カロチンは少量の油で調理すると，吸収がよくなるため，油でいためたり，牛乳や肉，ナッツなど脂肪をふくむ素材と調理して食べるようにしよう。

上級編(1) なべでゆでる－応用①－

しゅんぎくとえのきのレモン風味あえ （約15分）

◆**材料の準備**（4人分）
　① しゅんぎく（1束）とえのきの根を切ってよく洗う。

◆**ゆでる**
　② しゅんぎくは塩をひとつまみ入れた熱湯でゆで，冷水で冷ました後，水気をしっかりしぼる。
　③ えのきを熱湯で1～2分ゆでて，ざるにとる。

◆**仕上げ**
　④ しゅんぎくを3cmくらいに切って，しょうゆ（小さじ1）をふりかけておく。
　⑤ えのきの水気をしぼって3等分に切り，しゅんぎく，レモン汁（1／4個分）とあえてでき上がり。
　※レモンのかわりに，すだち，ゆずなどでもよい。

[参考] きのこの仲間

　きのこ類は，日本の温暖湿潤（しつじゅん）な気候に適しているため，4,000種ほど生育しているといわれている。そのなかで食べられるものは100種ほどで，色が白っぽく，独特の歯ごたえや味・香りを楽しむことができる。
　じくが太くて短く，かさの裏の色が白く，開ききっていないものを選ぶようにしよう。

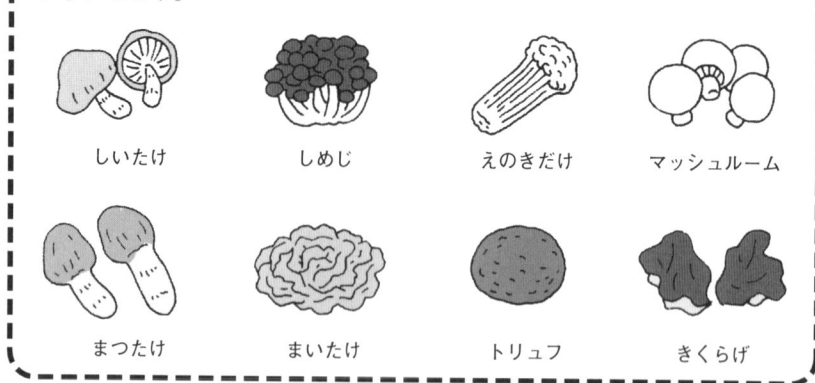

| しいたけ | しめじ | えのきだけ | マッシュルーム |
| まつたけ | まいたけ | トリュフ | きくらげ |

第5章　基本的な調理の技術を学ぶ

上級編(1) なべでゆでる－応用②－

よもぎだんご (約40分)

◆**材料の準備**（2人分）
① よもぎのやわらかい葉をつんできれいに洗い，塩をひとつまみ入れた熱湯でやわらかくなるまでゆで，冷水に取る。
② 水気をしぼって，細かくきざむ。
③ だんご粉（100ｇ）と水（50ml）をまぜ合わせ，②を加えてさらによくこね，だんごをつくる。

◆**ゆでる**
④ なべに水をたっぷり入れふっとうさせる。
⑤ だんごを一つずつなべに入れ，浮いてきたものを穴じゃくしですくう。

◆**仕上げ**
⑥ だんごを冷まし，市販品のつぶあんとともに盛りつけてでき上がり。

小さくやわらかい葉をつもう。
裏が白いよ。

[参考] よもぎをつもう！
　よもぎは道ばたなどに生えている多年草で，葉の裏が白く，独特の香りがする。春先の小さく柔らかい新芽をつむと，あくが少ないのでおいしいだんごを作ることができる（5月に入ると，あくが強くなる）。アリがついていたり，葉に卵を生みつけられているものなど，よごれがあるものはさけて，きれいなものを選ぼう。重曹（じゅうそう）を入れたぬるま湯につけると，あく，えぐみが減少する。

上級編(2) 蒸し器で蒸す

ギョウザ （約40分）

●おすすめポイント

・皮を包むのがおもしろいよ。みんなでたくさん作って食べよう！
・具もアイディアしだいで，いろいろな味が楽しめるよ。

材料 （30個）

- ギョウザの皮…1袋（30枚くらい）
- 豚ひき肉 …………………200g
- はくさい …………………200g
- ねぎ………………………30g
- 土しょうがのしぼり汁……10ml
- 塩 ……………………………5g
- しょうゆ………………大さじ2
- ごま油 ……………………5ml
- 酒……………………………10ml

準備品するもの

・蒸し器　・ボール　・ティースプーン　・おろし金
・クッキングペーパー

作り方

◆材料の準備

① はくさいは，葉を1枚ずつはずし，1〜2分ゆでて，みじん切りにする。手に取ってしぼり，水気を切っておく。
② ねぎは，洗って細かくみじん切りにする。
③ 土しょうがは皮をむいて，おろし金ですりおろし，しぼり汁を取る。

◆具を包む

④ ボールにひき肉，よく水気を切ったはくさい，ねぎ，土しょうがのしぼり汁，塩，しょうゆ，酒，ごま油を入れ，ねばりが出るまで手でしっかり練る。
⑤ 手のひらにギョウザの皮を1枚取り，④の具をティースプーンで取る。
⑥ 皮のふちの半分に水を指でぬり（のりにかわる），皮を二つ折りにし，片側の皮にひだ

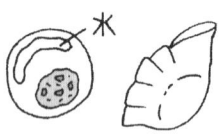

第5章　基本的な調理の技術を学ぶ

をとりながら，指で押しつけ，とめていく。
⑦ 具を皮に包んでしまう。
◆蒸す
⑧ 皿にクッキングペーパーをしいてギョウザを並べ，蒸気の上がった蒸し器に入れて，約10分間蒸す。

調理のポイント

・中身の具は，よくこねること。
・はくさいをキャベツに，ねぎをニラにかえてもよい。もちろん，にんにくを加えてもおいしい。

やってみよう

―ギョウザを皮から作ってみよう―

1. 材料
   強力粉……160g　　　塩………1.5g　　　かたくり粉……適量
   薄力粉……40g　　　　熱湯……100ml

2. 作り方
   ① 強力粉と薄力粉は合わせてよくふるい，ボールに入れる。塩をとかした熱湯を少しずつ加えて，よくまぜる。手で耳たぶくらいのやわらかさになるまでこねる。そして丸くまとめる。
   ② ふきんを水でぬらし，固くしぼって①にかけ，30分以上ねかす。
   ③ 台にかたくり粉をうすくしき，直径3cmくらいの棒状にのばす。等分にはしから切り，一つ一つ切り口に粉をつけ，手のひらで押し，平たくする。めん棒でまわしながら，直径8cmくらいの円形にのばす。

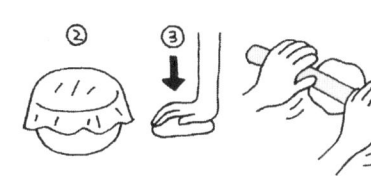

豆知識

・蒸しギョウザ…蒸餃子（チョンチャオツ）
・焼きギョウザ…鍋貼餃子（クオティチャオツ）
・ゆでギョウザ…水餃子（シュイチャオツ）
・本場中国（北部）では，水餃子を主食として食べる。正月や祭りのときにも食される。

上級編(3) 魚を焼く

さけときゅうりのちらしずし （約40分）

●おすすめポイント
- はなやかでパーティーや会食にぴったり。
- 手軽な和風料理だよ。
- 盛りつけを工夫してオリジナル料理にしよう。

材 料 （4人分）

- 米 ……………………… カップ2
- 水 ……………… 2と1/5カップ
- こんぶ …………………… 5cm
- さけ …………………… 2切れ
- きゅうり ………………… 2本
- 酢 ………………… 1/4カップ
- 砂糖 ………………… 大さじ2
- 塩 …………………… 小さじ1

準備するもの

・ほうちょう ・まな板 ・炊飯器 ・魚焼き用網 ・半切りまたは大きめのボール ・計量カップ ・計量スプーン ・さいばし ・うちわ

作り方

◆材料の準備

① 米を洗って，ふつうにたく。こんぶは，軽く洗って炊飯器に入れておく。
② さけを洗って，水気を切る。
③ きゅうりは，薄い小口切りにする。塩を軽くふってもんでから，塩を洗い流し，強くしぼっておく。

◆加 熱

④ 魚焼き用の網を熱する。熱くなったら，さけをのせて焼く。こげ目がつかないように，中火でゆっくり焼く。
⑤ さけが焼けたら，少しさまして，温かいうちに身をほぐす。
⑥ 酢と砂糖と塩をまぜて，合わせ酢を作る。
⑦ 米飯がたけたらこんぶを取り出し，ご飯を半切り（またはボール）に移し，熱いうちに合わせ酢をかけながらよくまぜる。この後，うちわであおぐと照りのあるすし飯ができ上がる。

◆仕上げ
  ⑧ すし飯にきゅうりとさけをまぜて盛りつける。
  ⑨ のりの千切りなどをのせてもよい。

調理のポイント

◆**米を洗う**
・米は，軽く水洗いをしてから，一度水をすてる。少し水を入れて，手のひらで30回ほど，押し洗いする。このとき強く押しすぎると米粒がくだけるので注意する。水をたっぷり入れてすすいでから，同じことをあと2回くり返す。炊飯器に米と水を入れ，十分に吸水（30分以上）させてからたく。

◆**材料を切る**
・きゅうりを切るときには，きゅうりの両端のへたを切り，とげがかたい場合は，まな板の上にのせ，塩をふってまな板の上を手のひらで，前後に転がす。この後，水でよく洗って塩気を落としてから小口切りにする。

◆**さけを焼く**
・さけは，最初は，皮のついていないほうを上にして焼く。焼けたら裏返して反対側も焼く。魚焼き用のグリルがある場合は，グリルで焼いたほうがこげにくくてよい。電子レンジを使って加熱する場合は，ラップをかけずに，2～3分加熱する。ようすを見ながら必要があれば，加熱時間を追加する。

◆**味をつける**
・合わせ酢は，飯にかける直前に合わせるようにする。また，市販の合わせ酢を使ってもよい。塩ざけの場合は，きゅうりの塩分や合わせ酢の塩分をひかえめにする。

◆**盛りつける**
・深めで大きめの鉢などに盛りつけるとよい。中高になるように盛りつけ，さけやきゅうりが上部に見えるようにする。

やってみよう

◎家では，イクラなどを入れてもおいしいよ。
◎いろいろなものを入れて工夫してみよう。
◎お皿にいろんな形で盛りつけても楽しいね。
◎合わせ酢を使わず，ラップのおにぎりにしてもかわいいよ。

上級編(4) 浅なべで煮込む

いわしの梅干し煮 (約25分)

●おすすめポイント

・栄養タップリ，これぞ日本食！
・高齢者や病人に作ってあげよう。
・ポイントさえ押さえれば，けっこう簡単だよ。

材料 (4人分)

- いわし……………………小8尾
- 土しょうが………………5g
- 梅干し……………………2〜3個
- 水 ………………………350ml
- 酒…………………………50ml
- しょうゆ…………………50ml
- 砂糖………………………大さじ2

準備するもの

・浅なべ ・落としぶた（アルミホイルでもよい） ・さいばし
・計量カップ ・計量スプーン ・ボール ・ほうちょう ・まな板

作り方

◆材料の準備
① いわしのうろこ，頭，骨，内臓を取り除き，きれいに洗って，水気をふき取る。
② 土しょうがの皮をむき，うす切りにする。

◆煮る
③ 浅なべに水，酒，しょうゆ，砂糖を入れて煮立てる。
④ 煮立ったら，盛りつけたときに見える側を上にして重ならないようにして入れ，土しょうがと，2か所ほどはしで穴をあけた梅干しを散らす。
⑤ 弱火にして落としぶたをし，ときどき煮汁を魚全体にからませながら，15分ほど煮る。

◆仕上げ
⑥ 梅干しや煮汁もいっしょに盛りつけてでき上がり。

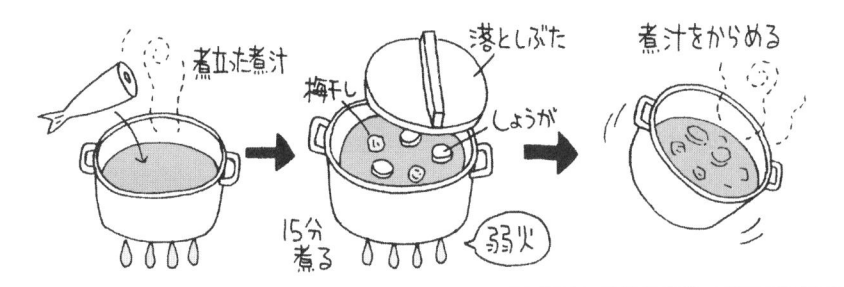

調理のポイント

- 煮立った煮汁に魚を入れるとき，熱いようなら，フライ返しを使うとよい。
- 火が強いとすぐにこげつき，塩からくなるので，弱火にして目をはなさないようにする。
- 煮魚はくずれやすいので，あまりさわらないようにし，盛りつけ時もフライ返しを使うとよい。

豆知識

- 煮立った煮汁に魚を入れると，魚の表面のたんぱく質が固まってうま味を閉じ込め，やわらかく，くさみもなく仕上がる（ステーキなどの肉料理でも，最初に強く加熱するのは同じ理由だよ！）。
- 土しょうが，酒，みそ，梅干しは，魚の生ぐささを取り，風味を引き立てるはたらきを持つ。

＜梅干しは薬？！＞

- 梅干しは昔からの保存食であり，お弁当のくさり防止としてもよく利用されるが，そればかりでなく，薬としても利用されてきた。
- 口からばい菌が入ってきても，ふつうの場合は胃の中の強力な塩酸がばい菌を殺してくれる。しかし体が弱っているときは，ばい菌が死なずに腸へ入ってしまい，腹痛を起こす原因となる。梅は，強い殺菌作用（ばい菌を殺す力）を持っているので，体が弱っているときに食べると，消化を助けてくれ，強い味方となる。

上級編(4) 浅なべで煮込む

上級編(4) －浅なべで煮込む－応用－

おでん （1時間以上）

◆**材料の準備** （2人分）
① こんぶ（10cm角）を5カップの水にひたしてだしを取り，砂糖・酒・みりん（各大さじ1），しょうゆ（大さじ3），塩（小さじ1）を加えて，煮汁を作る（柔らかくなったこんぶは結んでおく）。
② 卵（4個）は固ゆでにし，からをむいておく。
③ 皮をむき，厚さ3cmくらいの半月切りにしただいこん（4切れ），皮をむいたじゃがいも（2～3個）は固めにゆでる。
④ こんにゃく，とり肉は適当な大きさに切って，下ゆでしておく。
⑤ がんもどき，ごぼう天，さつまあげ等（各適量）は，湯をかけて油ぬきしておく。
⑥ ちくわ，ハンペン，焼きどうふ（各適量）は大きめに切っておく。

◆**煮る**
⑦ なべに②～⑥の材料を入れ，①の煮汁とこんぶを注ぎ，材料が柔らかくなり味がしみ込むまで，弱火で煮込む（煮くずれしやすいじゃがいもや，煮汁を吸いやすいはんぺんは後から入れるとよい）。

◆**仕上げ**
⑧ 好みでからしをそえて，でき上がり。

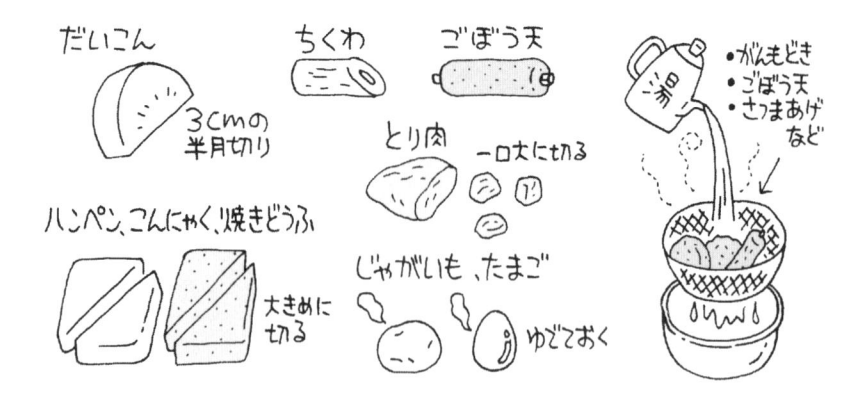

第5章 基本的な調理の技術を学ぶ

参考文献一覧

- 文部省 「小学校学習指導要領」「中学校学習指導要領」(平成11年)
- 文部省 「高等学校学習指導要領」(平成12年)
- 文部省 「小学校指導書 家庭編」「中学校指導書技術・家庭編」 開隆堂 (平成元年)
- 文部省 「高校等学校指導要領解説 家庭編」 実教出版 (平成元年)
- 文部省 「高校等学校指導要領解説 家庭編」 開隆堂
- 文部省 「小学校指導要領解説 家庭編」 開隆堂 (平成11年)
- 文部省 「中学校指導要領解説 家庭編」 東京書籍 (平成11年)
- 文部省 「高校等学校指導要領解説 家庭編」 開隆堂 (平成12年)
- 島田淳子，中沢文子，畑江敬子 「調理の基礎と科学」 浅倉書店 1993
- 滋野幸子，田中敬子「食物・栄養科学シリーズ13調理学」培風館 1992
- 島田キミエ・山崎清子「調理と理論（第2版）」同文書院2-27 1988
- 家庭科教育研究者連盟「たべもの教室⑥ 牛乳でつくる」,「たべもの教室⑦ 野菜でつくる①」,「たべもの教室⑧ 野菜でつくる②」,「たべもの教室別巻① おいしくつくる料理のひみつ」 大月書店 1991
- 学研高等学校家庭科研究会「クッキング・ノート（調理の基礎)」 学習研究社
- 森下敏子「ニューライフ調理学」 建帛社 2000
- 高橋敦子「新クッキングブック 調理の基礎と応用」 学習研究社
- 松元文子他「2001年の調理学」 光生館 1988
- 西村敬子「これからの調理」 教育図書 1996
- 野田文子・和田博子・艮千恵子・久保田絵美・押谷公美子「『験し作り』実習による学習課程の展開－ゆで卵に関する調理操作の習得について－」大阪教育大学紀要 第Ⅴ部門 9-1 225-236 （2000）
- 青森県教育委員会「青い森の縄文人とその社会」1991
- 澁澤文隆・佐野金吾編 中学校 審実践課題への対応②総合学習・選択学習の展開 教育出版 1998
- 大阪教育大学附属平野中学校「子どもと創るこれからの選択・総合的学習―開かれた遊びの場ＪＯＩＮ 支援と評価のポイント－」 第一法規 1998
- 日本家庭科教育学会「家庭科教育の構想研究」12～21 22～27 1977
- 児島邦宏他「小学校総合的な学習ガイドブック」118～123 教育出版 1999
- 野田文子編「新しい小学校家庭科の研究」23～28頁 教育出版センター 1997
- 野田文子他「試し作り実習による学習過程の展開」225～236 大阪教育大学紀要 2000
- 艮千恵子「試し作りを生かした調理技術の指導」139～150，大阪教育大学附属天王寺中学校研究集録，(2000)
- クライブ・ポンディング 石 弘之訳「緑の世界史」 朝日新聞社 1994
- 高浦勝義 総合学習の理論 黎明書房 1997
- 鶴田敦子他 米＜食と農＞からはじめる総合学習 消費者の視点から かもがわ出版

- 現代農業 「地域から変わる日本」 農文協 2001
- 川名英之 どう創る環境型社会 ドイツの経験に学ぶ 緑風出版 1999
- 河合利光編著 「比較食文化論 文化人類学の視点から」
- 日本フードスペシャリスト協会編 「食品の消費と流通－フードマーケティングの視点から－」建帛社 2000
- 秋野晃司他 「アジアの食文化」建帛社 2000
- 天野正輝 「総合的学習のカリキュラム創造 教育課程入門」ミネルヴァ書房 1999
- 長嶋俊介 「生活と環境の人間学 生活・環境知を考える」 昭和堂 2000
- 生活科授業研究会「生活科ネットワーク」1991-1999
  木村貫（堺市立新浅香山小），中村眞佐美（聖母院小）NO.4，坂本佳寿子（堺市八下西小），岡本哲生（滋賀大学附属小）NO.5，（桜井市城島小），工藤昭広（天童市山口小），渋谷賢毅（京都教育大桃山小），相内園子・外崎由紀子NO.7，田中眞美（河内長野市山田小），柳原透（秋田市土崎南小）NO.8，小久保義直（西浅井町塩津小），古川鉄治（相模原市向陽小），宮平清美（那覇市城西小），村井陽子（羽曳野市西浦東小），柳原透（秋田市土崎南小），松山洋子（印南町稲原小）N0.10，（秋田市土崎南小）NO.11，岡本哲生・稲垣明美，村井陽子・田中眞美（羽曳野市西浦東小），（広島県神石町大野小），森下健二（長野県西大村小），大橋尚人（兵庫教育大附属小），小林達史（和歌山大附属小），山田正廣（一志町大井小），古田真由美（青森県千歳平小）NO.12，長谷川康夫（筑波大附属小）NO.13，濱川教子（琉球大学附属小），高内調子（北九州市長行小学校）NO.14，村上正道（西宮市立樋ノ口小）NO.15
- Aseet第9巻「学習の広がりと深まりをめざす選択「家庭」と総合的な学習」，ニチブン，1998
- 脇田学・長尾彰夫「カリキュラム改革としての総合学習『人間文化を拓く』」，アドバンテージサーバー，1999
- 児島邦宏・山崎 極・桐谷澄男「小学校総合的な学習ガイドブック」教育出版 1999
- 三宅都子・長尾彰夫「カリキュラム改革としての総合学習『生きること・働くこと』」，アドバンテージサーバー，1999
- 善元幸夫・長尾彰夫「カリキュラム改革としての総合学習『地域と結ぶ国際理解』」，アドバンテージサーバー，1999
- 日本家庭科教育学会編著 「家庭科の21世紀プラン」 家政教育社 1997
- 日本教育方法学会編 「総合的学習と教科の基礎・基本」 図書文化 2000
- ボン ゴンジン 他５人，『技術・家庭１』，蛍雪出版社，ソウル，2000
- ユン インキョン 他６人，『技術・家庭１』，教学研究社，ソウル，2000
- ン ソンボン 他７人，『技術・家庭１』，（株）教学社，ソウル，2000
- ン ハキョン 他９人，『技術・家庭１』，東和社，ソウル，2000
- リ ソンシン 他７人，『技術・家庭１』，（株）天才教育，ソウル，2000
- リ サンヒョク 他１１人，『技術・家庭１』，（株）豆山，ソウル，2000
- ソン ヘキョン他７人，『技術・家庭１』，（株）大韓教科書，ソウル，2000
- リ ボング他６人，『技術・家庭１』，（株）金星出版社，ソウル，2000
- キム パンウク他８人，『技術・家庭１』，（株）知学社，ソウル，2000
- Jae-Sook Han, et.al. A Survey of japanese perception and preference for kimchi, korean J. Soc. Food Sci.,15 pp.42-49,1999

執筆者一覧

編著者	野田 文子	大阪教育大学助教授	第1章, 第4章2-(1)(2)(3), 3-(1)
執筆者	足立 成子	兵庫県氷上郡春日町立春日中学校教諭	第2章2-(2)
	衛藤 晶子	大阪市立真田山小学校教諭	第2章1-(1)
	押谷 公美子	大阪府東大阪市立小坂小学校教諭	第3章3-(1), 第4章3-(2)
	亀崎 多佳子	大阪府立市岡高等学校教諭	第2章3-(1)
	岸本 和子	兵庫県氷上郡山南町立山南中学校教諭	第2章2-(1)
	權 楨媛	韓国・ソウル大学校 生活科学研究所研究員	第4章1
	久保田 絵美	八王子市立大和田小学校教諭	第3章2
	艮 千恵子	大阪教育大学附属天王寺中学校教諭	第3章3-(3)(4)
	田中 博康	大阪教育大学附属高等学校池田校舎教諭	第2章3-(2)
	中田 忍	大阪教育大学助教授	第4章2-(4), 3-(3)(4)
	藤本 淑子	大阪市立南市岡小学校校長	第2章1-(2)
	山田 典子	大阪教育大学附属高等学校池田校舎教諭	第2章3-(2)
	和田 博子	大阪市立柏里小学校教諭	第3章1, 3-(2)
	家庭科研究会	(野田, 艮, 久保田, 和田, 押谷)	第5章
写 真	山田 由佳子	大阪教育大学助手	第5章

調理で活きる「総合的な学習の時間」

初版発行／2001年10月15日
編 著 者／野田文子
発 行 者／開隆堂出版株式会社
　　　　　　代表者　中村周子
　　　　　　東京都文京区向丘1丁目13番1号
印 刷 所／株式会社　興陽社
　　　　　　東京都文京区西片1丁目17番8号
発 行 所／開隆堂出版株式会社
　　　　　　東京都文京区向丘1丁目13番1号
発 売 元／開隆館出版販売株式会社
　　　　　　東京都文京区向丘1丁目13番1号
　　　　　　電話（03）5684-6118
　　　　　　振替　00100-5-55345
　　　　　　http://www.kairyudo.co.jp

定価はカバーに表示してあります。

本書の内容を，無断で転載または複製することは，著作者および出版社の権利の侵害となりますので，かたく禁じます。